基于会计信息化的
财务会计管理研究

陈颖 刘俐利 张慧 著

延吉·延边大学出版社

图书在版编目（CIP）数据

基于会计信息化的财务会计管理研究 / 陈颖，刘俐利，张慧著. -- 延吉：延边大学出版社，2024.6.
ISBN 978-7-230-06786-7

Ⅰ.F234.4

中国国家版本馆CIP数据核字第2024XW4428号

基于会计信息化的财务会计管理研究

著　　者：	陈　颖　刘俐利　张　慧
责任编辑：	朱秋梅
封面设计：	文合文化
出版发行：	延边大学出版社
社　　址：	吉林省延吉市公园路977号
邮　　编：	133002
网　　址：	http://www.ydcbs.com
E-mail：	ydcbs@ydcbs.com
电　　话：	0433-2732435
传　　真：	0433-2732434
发行电话：	0433-2733056
印　　刷：	三河市嵩川印刷有限公司
开　　本：	787 mm×1092 mm　1/16
印　　张：	10
字　　数：	203千字
版　　次：	2024年6月　第1版
印　　次：	2024年8月　第1次印刷

ISBN 978-7-230-06786-7

定　　价：68.00元

前　言

财务会计管理是企业管理的核心，传统的企业财务会计管理已经远远不能适应经济全球化和世界经济一体化的要求。因此，对企业财务会计管理工作进行适时创新，已成为当前企业管理领域的重要课题。这种创新，不仅是对现有管理模式的简单改良，更是对管理理念、方法、技术乃至整个管理体系的全面革新。它要求企业立足新时代的发展要求，紧跟时代步伐，以开放的心态拥抱新技术、新理念，不断探索，寻找符合企业自身特点和发展需求的财务会计管理新模式。

传统的财务会计管理工作主要是对财务会计报表上的数据进行综合性分析，根据这些数据来判断企业的盈亏，从而决定采取何种生产经营战略。而在全球经济一体化的今天，在信息化背景下，企业生存的内部环境和外部环境都发生了巨大的变化，企业在财务会计管理方面对数据采集、整理及分析的方法已经突破了人工分析的局限性，逐渐向着信息化的时代迈进。随着大数据、云计算、人工智能等先进技术的不断涌现，会计信息化已成为推动会计行业转型升级的重要力量。它不仅极大地提高了会计工作的效率与准确性，还促进了会计职能的拓展与深化，为企业的战略决策提供了强有力的数据支持。

本书主要研究在会计信息化背景下的财务会计管理，全书共分为八个章节，每一章节都紧密围绕会计信息化这一主题展开，层层递进，逐步深入。第一章是会计信息化概述，介绍了会计信息化及其概念、会计信息化管理制度。第二章是会计信息系统管理，分析了会计信息系统的运行模式、使用管理和档案管理等相关内容。第三章是财务会计信息化建设，详细论述了财务管理信息化建设、财务会计信息化工作的组织规划和运行系统等内容，并在此基础上探讨了信息技术对会计管理和财务管理的影响。第四章和第五章分别论述了财务会计信息系统的内部控制与审计、财务会计信息系统维护，全面剖析了会计信息系统的运行机制与管理要点。第六章聚焦于信息化背景下财务人员能力升级问题，深度分析了信息化背景下财务人员需具备的能力和素质。第七章和第八章则将研究的重点转向信息化背景下财务会计数据分析与财务会计管理的实践应用，对当下一些企业财务会计管理中存在的问题，提出对策并加以分析。

在全球经济一体化和信息化背景下，企业财务管理面临着严峻的挑战，包括管理环境的改变、电子商务的发展带来的挑战等，企业财务会计管理工作正经历着深刻的变革。这种变革不仅要求企业不断创新和优化管理模式，还需要企业积极拥抱新技术、新思维，以适应日益复杂多变的市场环境。同时，管理会计的发展趋势与前景也表明，管理会计正在从简单的成本核算向更具有战略性的角色转变。只有通过深入的成本分析和控制，才能实现资源的最佳配置，提高效率和利润能力，企业才能在激烈的市场竞争中立于不败之地,实现可持续发展。

笔者在研究时,立足现实,将理论与实际相结合,以求为我国企业在信息化背景下开展财务会计管理工作提供参考,推动我国企业整体财务会计管理水平的进步。

在本书编写过程中,笔者参考和引用了一些学者关于会计信息化、财务会计管理等方面研究的观点和相关资料,在此向这些学者表示衷心的感谢。由于时间和水平有限,本书难免存在不足之处,敬请各位读者批评指正。

邵妮妮、曲苑妹、苏华参与了本书的审稿工作。

目 录

第一章 会计信息化概述 ··· 1
 第一节 会计信息化及其相关概念 ·· 1
 第二节 会计信息化管理制度 ·· 9

第二章 会计信息系统管理 ·· 13
 第一节 会计信息系统的运行模式 ··· 13
 第二节 会计信息化后的使用管理 ··· 18
 第三节 会计信息化后的档案管理 ··· 24
 第四节 会计软件数据接口标准 ··· 28

第三章 财务会计信息化建设 ·· 31
 第一节 财务管理信息化概述 ·· 31
 第二节 财务管理信息化建设 ·· 41
 第三节 财务会计信息化工作的组织规划与运行系统 ················ 53
 第四节 财务会计管理信息化实践中的业务流程重组 ················ 65
 第五节 信息技术对会计管理和财务管理的影响 ······················· 69

第四章 财务会计信息系统的内部控制与审计 ································ 74
 第一节 财务会计信息系统内部控制概述 ·································· 74
 第二节 一般控制 ·· 77
 第三节 应用控制 ·· 81
 第四节 计算机审计 ·· 85

第五章 财务会计信息系统维护 ·· 89
 第一节 财务会计信息系统维护概述 ··· 89

第二节　财务会计信息系统的操作权限维护..92

　　第三节　财务会计信息系统运行维护..94

　　第四节　计算机系统与网络安全维护..97

　　第五节　财务会计信息系统的二次开发..102

第六章　信息化背景下财务人员能力升级

　　第一节　信息化背景下CFO的基础能力框架..106

　　第二节　信息化背景下财务人员的择业模型..112

　　第三节　信息化背景下财务人员职业再规划与发展的策略....................118

第七章　信息化背景下财务会计数据分析

　　第一节　财务会计数据处理与分析..123

　　第二节　财务会计数据的综合利用..127

　　第三节　财务会计软件中数据的获取..130

　　第四节　大数据与财务会计核算..133

第八章　信息化背景下财务会计管理的实践应用

　　第一节　ERP系统在财务会计管理中的应用..136

　　第二节　中小企业的财务会计管理..139

　　第三节　流通企业的财务会计管理..142

　　第四节　互联网时代下的财务会计管理..145

　　第五节　知识经济时代下的财务会计管理..147

参考文献..152

第一章 会计信息化概述

第一节 会计信息化及其相关概念

一、会计电算化

（一）会计电算化的概念

会计是旨在提高企业和各单位活动的经济效益，加强经济管理而建立的一个以提供财务信息为主的经济信息系统。过去，人们利用纸、笔、算盘等工具开展会计工作。随着科学技术的发展，人们开始利用电子计算机来开展会计工作，促进了会计工作的电算化发展。

会计电算化，是把电子计算机和现代数据处理技术应用到会计工作中的简称。会计电算化一词是中华人民共和国财政部（以下简称"财政部"）和中国会计学会于1981年8月在长春市召开的"财务、会计、成本应用电子计算机专题讨论会"上正式提出的。国内有的人将会计电算化称为电算化会计或者计算机会计；国外有的人称之为电算化会计信息系统。

会计电算化的含义有狭义和广义之分。狭义的会计电算化是指以电子计算机为主体的信息技术在会计工作中的应用；广义的会计电算化是指与会计电算化工作有关的所有工作，包括会计电算化软件的开发与应用、会计电算化人才的培训、会计电算化的宏观规划、会计电算化制度建设、会计电算化软件市场的培育与发展等。

（二）会计电算化的特征

与手工会计工作相比，会计电算化具有以下特征：

1.人机结合

在会计电算化方式下，会计人员填制电子会计凭证并审核后，执行记账功能，计算机根据程序和指令，在极短的时间内自动完成会计数据的分类、汇总、计算、传递及报告等工作。

2.会计核算自动化、集中化

在会计电算化方式下，以往依靠人工完成的工作，如试算平衡、登记账簿等，现在都由计算机自动完成，这大大减轻了会计人员的工作负担，提高了工作效率。计算机网络在会计电算化中的广泛应用，使企业将分散的数据统一汇总到会计软件中进行集中处理，既提高了企业数据汇总的速度，又增强了企业集中管控的能力。

3.数据处理及时准确

会计人员利用计算机处理会计数据，可以在较短的时间内完成会计数据的分类、汇总、计算、传递和报告等工作，计算机使会计处理流程变得更为简便，核算结果变得更为精确。此外，在会计电算化方式下，运用适当的处理程序和逻辑控制，能够避免出现在手工处理方式下常见的一些错误。以记账处理为例，记账是指计算机自动将记账凭证文件中的数据登记到总账、明细账、日记账等相关账户上，账户的数据都来源于记账凭证文件，数据来源是唯一的，记账只是让数据"搬家"，记账过程中不会出现数据转抄错误。因此，会计电算化方式下的记账处理不需要进行账证核对、账账核对。

4.内部控制多样化

在会计电算化方式下，与会计工作相关的内部控制制度也发生明显的变化，内部控制由过去的人工控制转为人工与计算机相结合。内部控制的内容更加丰富、范围更加广泛、要求更加明确、实施更加有效。

（三）会计电算化的产生和发展

1.会计电算化的产生

1954年，美国通用电气公司运用计算机进行工资数据的计算处理，揭开了人类利用计算机进行会计数据处理的序幕。1979年，我国首次在长春市的第一汽车制造厂（现为中国第一汽车集团有限公司）开展计算机应用在会计工作中的试点工作。

2.会计电算化的发展

依据的划分标准不同，会计电算化发展阶段的划分亦不相同。下面以会计软件的发展应用为参照，介绍会计电算化的发展过程。

（1）模拟手工记账的探索起步阶段

我国的会计电算化是从 20 世纪 80 年代起步的，当时的会计电算化工作主要处于实验试点和理论研究阶段，这一阶段的主要内容是利用计算机代替手工处理大量数据，实质是将电子计算机作为一个高级的计算工具用于会计领域。

此阶段主要实现了会计核算电算化，是会计电算化的初级阶段。利用计算机模拟手工记账，不仅能模拟手工环境的会计循环，而且能模拟手工环境的数据输出形式。但在这个阶段，利用计算机只能完成单项会计核算任务，不能实现信息共享。

（2）与其他业务结合的推广发展阶段

进入 20 世纪 90 年代后，企业开始将单项会计核算业务进行电算化整合，并扩展为全面电算化。企业引入了更多的会计核算子系统，形成了一套完整的会计核算软件系统，包括账务处理子系统、报表处理子系统、往来管理子系统、工资核算子系统、固定资产核算子系统、材料核算子系统、成本核算子系统、销售核算子系统等。企业积极对传统会计组织和业务处理流程进行调整，从而实现企业内部以会计核算系统为核心的信息集成化。其主要特征为在企业组织内部实现会计信息和业务信息的一体化，并在两者之间实现无缝联合。

（3）引入会计专业判断的渗透融合阶段

我国于 2006 年 2 月建立了与国际财务报告准则趋同的企业会计准则体系，该体系引入了会计专业判断，同时审慎引入了公允价值等计量基础，对会计电算化工作提出了新的要求。企业和会计软件开发商紧密围绕会计准则和会计制度，通过对会计电算化工作的不断调整、渗透和融合，逐步完成了从单机应用向局域网应用的转变，尝试建立了以会计电算化为核心的管理信息系统。此阶段是会计电算化发展的高级阶段，目的是实现会计管理的电算化。在会计核算电算化的基础上，这一阶段的会计管理信息系统能够结合其他数据和信息，借助决策支持系统的理论和方法，帮助决策者制定科学的决策方案。

（4）与内部控制相结合建立 ERP 系统的集成管理阶段

于 2008 年 6 月发布的《企业内部控制基本规范》标志着我国企业内部控制建设取

得了更大的突破和阶段性的成果，是我国企业内部控制建设的一个重要里程碑。

内部控制分为内部会计控制和内部管理控制。其中，内部会计控制是指企业为了提高会计信息质量，保护资产的安全完整，确保有关法律法规和规章制度的贯彻执行而制定和实施的一系列控制方法、措施和程序。

随着现代企业制度的建立和内部管理的现代化，单纯依靠会计控制已难以应对企业面对的内、外部风险，会计控制必须向全面控制发展；传统的会计软件已不能完全满足单位会计信息化的要求，需逐步向与内部控制相结合的 ERP（Enterprise Resource Planning，企业资源计划）系统的方向发展。

与内部控制相结合的 ERP 系统的集成管理，实现了会计管理和会计工作的信息化。目前这一阶段还在持续，但已经取得了令人瞩目的成果。有的大型企业已经利用与内部控制相结合的 ERP 系统，成功地将全部报表编制工作集中到总部。

二、会计信息化

会计信息化，是指企业利用网络通信等现代信息技术手段开展会计核算，并将会计核算与其他经营管理活动有机结合的过程。

从会计电算化的发展过程可以看出，会计软件的功能越来越强大，由最初的核算功能向管理功能、决策功能发展，实现了财务业务一体化处理，进而实现了与内部控制的高度融合，工作重点由会计核算转向会计管理。伴随着电子商务的飞速发展，会计的一些方法、技术也发生了变化，这些变化的内容都超出了当初会计电算化的内涵，与当今信息化环境紧密相关。1999 年 4 月，在深圳召开的"会计信息化理论专家座谈会"上，与会专家提出了会计信息化的概念，这是会计电算化向会计信息化理论转变的一个里程碑。2009 年 4 月 12 日，财政部印发了《关于全面推进我国会计信息化工作的指导意见》，提出全面推进我国会计信息化工作，进一步深化会计改革；2013 年 12 月 6 日，财政部印发了《企业会计信息化工作规范》，对企业开展会计信息化作出了具体规定。2024 年 4 月，财政部发布关于征求《会计信息化工作规范（征求意见稿）》意见的函，这是针对数字经济环境下会计信息化工作发布的里程碑式顶层政策，是电子凭证会计数据标准化推广应用的制度保障。

三、会计信息系统

（一）会计信息系统的概念

会计信息系统是指利用信息技术对会计数据进行采集、存储和处理，完成会计核算任务，并提供会计管理、分析与决策等相关的会计信息的系统。

（二）会计信息系统的构成要素

会计信息系统是一个人机结合的系统，该系统由计算机硬件、计算机软件、人员和会计规范等基本要素组成。

1.计算机硬件

计算机硬件是指进行会计数据输入、处理、存储及输出的各种电子设备。如输入设备有键盘、鼠标、光电扫描仪、条形码扫描仪、销售点情报管理系统、语音输入设备等；处理设备有计算机主机；存储设备包括内存储器和外存储器，其中内存储器包括随机存储器和只读存储器，外存储器包括硬盘、U盘、光盘等；输出设备有显示器、打印机等。网卡、网线、数据交换机等电子设备也属于计算机硬件。

2.计算机软件

计算机软件是指系统软件和应用软件。系统软件是用来控制计算机运行，管理计算机的各种资源，并为应用软件的运行提供支持和服务的软件。系统软件是计算机系统必备的软件，如Windows操作系统、数据库管理系统等，是保证会计信息系统正常运行的基础软件。应用软件是在计算机硬件和系统软件支持下，为解决各类具体应用问题而编制的软件，如微软办公软件、会计软件等。其中，会计软件是专门用于会计核算与会计管理的软件，没有会计软件的计算机系统就不能被称为会计信息系统。

3.人员

人员是指会计信息系统的使用人员和管理人员，包括会计主管、系统开发人员、系统维护人员、软件操作人员等。人员是会计信息系统中的一个重要因素，如果没有一支高水平、高素质的会计信息系统的使用和管理队伍，那么计算机硬件、系统软件、会计软件再好，整个系统也难以稳定、正常地运行。

4.会计规范

会计规范是指保证会计信息系统正常运行的各种法律、法规及企业或单位规章制度。如《中华人民共和国会计法》《企业会计准则》及企业或单位内部制定的硬件管理制度、内部控制制度等。

四、会计软件

（一）会计软件的概念

会计软件是指企业使用的专门用于会计核算和财务管理的计算机软件或其功能模块，包括指挥计算机进行会计核算与管理工作的程序、存储数据及有关资料。例如，会计软件中的总账模块，不仅包括指挥计算机进行账务处理的程序、基本数据（如会计科目、凭证等），也包括软件使用手册等用以指导使用人员进行账务处理操作的有关技术资料。

（二）会计软件的功能

会计软件的功能包括以下内容：
第一，为会计核算、财务管理直接采集数据。
第二，生成会计凭证、账簿、报表等会计资料。
第三，对会计资料进行转换、输出、分析、利用。

（三）会计软件的分类

1.按适用范围分类

按适用范围，会计软件分为通用会计软件和专用会计软件。通用会计软件是指软件公司为会计工作而专门设计开发的、并以产品形式投入市场的应用软件。专用会计软件是指专门供某一企业或单位使用的会计软件。

2.按会计信息共享程度分类

按会计信息共享程度，会计软件分为单用户会计软件和网络与多用户会计软件。单用户会计软件是指安装在一台或几台计算机上单独运行，且生成的会计数据不能在计算机之间进行交换和共享的会计软件。网络与多用户会计软件是指不同工作站或终端上的会计人员可以共享会计信息，通过各用户之间的资料共享，保证资料一致性的会计软件。

3.按功能和管理层次的高低分类

按功能和管理层次的高低，会计软件分为核算型会计软件、管理型会计软件、决策型会计软件。核算型会计软件是指主要用于日常业务核算的会计软件，具备账务处理、薪资核算、固定资产核算、应收（付）款核算、报表编制等功能，会计核算功能是会计软件最基本的功能。管理型会计软件是在核算型会计软件的基础上发展起来的，除了具备会计核算功能，还具备会计管理控制功能。决策型会计软件是在管理型会计软件的基础上，具备预测、决策等功能的会计软件。

五、ERP 系统

ERP 系统是指利用信息技术，将企业内部所有资源整合在一起，对开发设计、采购、生产、成本、库存、分销、运输、财务、人力资源、品质管理进行规划，同时将企业与外部的供应商、客户等市场要素有机结合，实现对企业的物质资源（物流）、人力资源（人流）、财务资源（财流）和信息资源（信息流）等资源进行一体化管理（即"四流一体化"或"四流合一"）的管理平台。其核心思想是供应链管理，强调对整个供应链进行有效管理，以提高企业配置和使用资源的效率。

ERP 系统是由美国著名咨询管理公司——加特纳公司于 20 世纪 90 年代首先提出的，最初被定义为应用软件。ERP 系统一经问世，迅速为全世界商业企业所接受，现已经发展为现代企业管理工具之一。

在功能层次上，ERP 系统除了核心的财务、分销和生产管理等功能外，还集成了人力资源、质量管理、决策支持等其他企业管理功能。会计信息系统已经成为 ERP 系统的一个子系统。

六、XBRL

（一）XBRL 的概念

XBRL（Extensible Business Reporting Language，可扩展商业报告语言），是一种基于 XML（Extensible Markup Language，可扩展标记语言）的开放性业务报告技术标准。

XBRL 是以互联网和跨平台操作为基础的，专门用于财务报告编制、披露和使用的计算机语言，基本实现了数据的集成与最大化利用，以及资料共享。XBRL 是国际上将会计准则与计算机语言相结合的，用于非结构化数据，尤其是财务信息交换的最新公认标准和技术。数据通过特定的识别和分类，可直接被使用者或其他软件读取并进一步处理，实现一次录入多次使用。

（二）XBRL 的作用与优势

XBRL 的作用主要在于将财务和商业数据电子化，促进财务和商业信息的显示、分析和传递。XBRL 通过定义统一的数据格式标准，规定了企业报告信息的表达方法。会计信息生产者和使用者可以通过 XBRL 在互联网上有效处理各种信息，并迅速将信息转化成各种形式的文件。

企业应用 XBRL 的优势主要表现在以下几个方面：

第一，能够提供更精确的财务报告、更具有可信度和相关性的信息。
第二，能够降低数据采集成本，提高数据流转及交换效率。
第三，能够帮助数据使用者更快捷方便地调用、读取和分析数据。
第四，能够使财务数据具有更广泛的可比性。
第五，能够增加资料的可读性与可维护性。
第六，能够适应变化的会计准则的要求。

（三）我国 XBRL 的发展历程

我国 XBRL 的发展始于证券领域。2003 年 11 月，上海证券交易所在全国率先实施基于 XBRL 的上市公司信息披露标准。2005 年 1 月，深圳证券交易所颁布了 1.0 版本的 XBRL 报送系统。2005 年 4 月和 2006 年 3 月，上海证券交易所和深圳证券交易所先后加入了 XBRL 国际组织。此后，我国的 XBRL 组织机构和规范标准日趋完善。

2008年11月，中国会计信息化委员会暨XBRL中国地区组织正式成立。2009年4月，财政部在《关于全面推进我国会计信息化工作的指导意见》中将XBRL纳入会计信息化的标准。2010年10月19日，财政部和国家标准化管理委员会发布了《可扩展商业报告语言（XBRL）技术规范》（GB/T 25500—2010）系列国家标准和企业会计准则通用分类标准，这成为我国XBRL发展历程中的一个里程碑，表明XBRL在我国的各项应用有了统一的架构和技术标准。

2015年，为反映企业会计准则的变化，规范采用XBRL编报财务报告的行为，保证以XBRL格式编报的财务报告质量，根据《中华人民共和国会计法》、《企业会计准则》和《可扩展商业报告语言（XBRL）技术规范》（GB/T 25500—2010）系列国家标准，财政部对企业会计准则通用分类标准进行了修订，形成了2015版企业会计准则通用分类标准。

第二节 会计信息化管理制度

实施会计信息化后，不仅会计核算手段发生了较大的变化，而且还改变了大量的手工管理习惯和方法。因此，为了适应会计信息化的要求，相关企业必须对其会计管理制度进行相应的调整，才能保证系统正常、安全、可靠地运行。会计信息系统的管理制度主要包括会计信息化岗位责任制度，会计信息化操作管理制度，计算机硬件、软件和数据管理制度，信息化会计档案管理制度。

一、会计信息化岗位责任制度

（一）会计信息化岗位的设立

会计信息化实施后的工作岗位可分为基本会计岗位和信息化会计岗位，二者可在保证会计数据安全的前提下交叉设置，各岗位人员要保持相对稳定。

基本会计岗位包括会计主管、出纳、会计核算各岗位、稽查、会计档案管理等，信息化会计岗位可分设为直接操作、管理、维护计算机及会计软件的岗位。

（二）会计信息化岗位的分工及职责

1.信息主管

信息主管主要负责会计软件运行环境的建立，以及各项初始化工作；负责会计软件的日常运行管理工作，监督并保证系统的有效、安全、正常运行。担任信息主管的人员应具备会计和计算机知识，以及相关的会计信息化组织管理的经验。信息主管可由会计主管兼任。

2.软件操作员

软件操作员应严格按照专职人员提供的数据进行录入，录入完毕应进行自检核对工作；负责打印输出记账凭证、会计账簿、报表，完成部分会计数据处理工作以及数据备份工作。软件操作员要具备会计软件的操作知识，达到会计信息化初级知识培训的水平。软件操作员可由基本会计岗位人员兼任。

3.审核记账员

审核记账员负责对输入计算机的会计数据（记账凭证和原始凭证等）进行审核，操作会计软件登记机内账簿，对打印输出的账簿、报表进行确认。审核记账员要具备会计和计算机知识，达到会计信息化初级知识培训的水平。审核记账员可由会计主管兼任。

4.信息维护员

信息维护员负责保证计算机硬件、软件的正常运行，管理计算机内的会计数据。信息维护员要具备计算机和会计知识，达到会计信息化中级知识培训的水平。此岗位在大中型企业中应由专职人员担任。

5.信息审查员

信息审查员负责计算机及会计软件系统的运行，防止出现利用计算机进行舞弊的行为。信息审查员要具备会计和计算机知识，达到会计信息化中级知识培训的水平。此岗位可由会计稽查人员兼任。

6.数据分析员

数据分析员负责对计算机内的会计数据进行分析。数据分析员要具备计算机和会计知识，达到会计信息化中级知识培训的水平。此岗位可由会计主管兼任。

7.会计档案工作资料保管员

会计档案工作资料保管员主要负责保管磁性介质与打印输出的纸质会计档案，以及其他会计资料。此岗位应由专职档案员负责，或指定专人（出纳员除外）保管。

8.软件开发员

软件开发员负责企业内会计软件的开发和维护工作。如果企业有开发会计软件的需求，则可设立此岗位。

二、会计信息化操作管理制度

实现会计信息化后，为保证系统的正常工作，应建立会计信息化操作管理制度，其主要包括以下几方面的内容：

第一，明确规定上机操作人员操作会计软件的内容和权限，要严格管理操作密码，指定专人定期更换密码，禁止未经授权的人员操作会计软件。

第二，预防已输入计算机的原始凭证和记账凭证等会计数据未经审核而登记在计算机内账簿中。

第三，操作人员离开机房前，应执行相应命令退出会计软件。

第四，根据企业实际情况，记录操作人员、操作时间、操作内容、故障情况等内容，由专人保存必要的上机操作记录。

三、计算机硬件、软件和数据管理制度

为了保障会计信息化系统的正常运行，应建立计算机硬件、软件和数据管理制度，其主要包括以下几方面的内容：

第一，保证机房设备安全和计算机正常运行，要经常对有关设备进行保养，保持机房和设备的整洁，防止意外事故的发生。

第二，确保会计数据和会计软件的安全保密，防止对数据和软件的非法修改，要按规定保存多个用计算机存储介质存放的数据的备份。

第三，对正在使用的会计核算软件的修改、对通用会计软件的升级和对计算机硬件设备的更换等工作，要有一定的审批手续；在软件修改、升级和硬件更换过程中，要保证实际会计数据的安全，要有特定人员进行监督。

第四，完善排除计算机硬件和软件故障的管理措施，保证会计数据的完整性。

第五，完善必要的防治计算机病毒的措施。

四、信息化会计档案管理制度

实行会计信息化后，会计档案管理的储存方式有两种：一种是采用磁盘、光盘等磁性介质存储；另一种是采用纸介质存储。相关企业或单位要严格按照财政部的有关规定对会计档案进行管理，做好防磁、防火、防潮和防尘工作。重要会计档案应准备双份，存放在不同的地点。采用磁性介质保存的会计档案，要定期检查和复制，防止出现因磁性介质损坏而破坏会计档案的情况。通用会计软件、定点开发会计软件、通用与定点开发相结合的会计软件的全套文档资料，以及会计软件程序，应同会计档案一起保管，保管截止日期是该软件停止使用或有重大更改之后的 5 年。

第二章 会计信息系统管理

第一节 会计信息系统的运行模式

一、会计信息系统在组织上的差别

会计的手工业务是一个比较规范的系统，主要表现为有规范的会计准则、会计制度，并按业务分为账务与报表、工资、固定资产、往来、采购、成本和销售等，分别对业务组织核算。一些规模较大的企业或单位在具体组织业务时，还按资金、成本、综合、销售和财务等业务分工设置部门；一些规模中等的企业或单位，只成立部分下属部门的财务管理部门；而一些小企业或单位，则只有一两个会计人员，只成立会计室；再小一点的企业或单位，则请兼职会计人员或代理记账公司完成会计核算工作。因此，影响会计信息系统的因素主要有以下几个方面：

（一）规模

在不同的企业或单位，其人数、固定资产规模、产值产量、销售业务量和管理的组织模式有所不同。在不同的规模下，会计的业务量不同，对会计的要求也不同。在小规模的企业或单位里，主要是手工作坊式的管理，会计业务量不大，只需要完成账务和报表的处理，其他核算非常简单；会计人员也只有几个人，甚至只有一个人。

（二）会计业务的组织形式

随着企业或单位规模的扩大，在业务上需要进行分工，规模越大，分工就越细。分工的形式一般是按业务内容分成几个组（室、科、处），在每个组内又按业务内容分工，由若干人完成。

（三）企业或单位内部的组织形式

会计信息化的物理组织模式一般分为两种：一种是集中核算组织模式，另一种是分散组织模式。在集中核算组织模式下，各业务核算部门的房间一般都相邻；在分散组织模式下，某些核算科室相距较远，如销售核算部门与销售业务部门在一起。

（四）对业务分析的要求

不同规模的企业或单位，对业务分析的要求不同。小规模企业或单位由于业务量少，数据不多，并不需要计算机辅助分析和管理，会计信息化的目的主要是用计算机替代手工记账、完成报表的编制工作；中等规模的企业或单位业务分工较细，需要各个核算模块辅助会计核算；大规模的企业或单位业务分工很细，数据量大，对会计提供信息的速度和质量都有较高要求，各个业务核算科室、部门之间往往有一定的距离，必须由各核算模块来辅助整个会计核算。

二、实施会计信息系统的层次

（一）基本应用层

基本应用层主要是账务和报表的应用。其他核算，如工资、固定资产等业务的处理量很小，非常简单，一般不用单独核算，只设立辅助账进行核算就可以了。

（二）核算应用层

核算应用层主要是账务与报表、工资、固定资产、材料采购核算、往来核算、成本核算和销售核算。主要任务是完成日常会计核算，基本实现会计信息化。

（三）管理应用层

对于一些大中型规模的企业或单位，其经济过程十分复杂，数据量大，光凭人脑难以进行有效分析。在管理应用层上，主要是对核算后生成的数据进行分析，基本方法是对比差额、比值，应用一些分析模型，进行资金、成本和利润等的分析与管理。在应用模块上，就需要全面预算、资金管理、资产管理及合并报表等。同时，还需要与企业资源计划结合，实现生产经营、财务管理的集中管理。

（四）决策支持应用层

决策支持系统是为克服管理信息系统的不足而发展起来的，直接针对决策层的，为中高级领导提供有效的决策支持。会计决策支持系统是决策支持系统的一个分支，其模型库中主要存放预测、计划、分析和投资等方面的基本模型。

三、会计信息系统模式

（一）小规模模式会计信息系统

小规模的会计信息系统以账务为核心，主要完成记账、算账和报表等核算工作。对于其他如固定资产、材料等工作，只设辅助账核算；而对于工资计算等工作，一般使用一个通用的报表处理软件，进行辅助计算。

在技术上，一般就是由单机或几台机器构成简单的小型网络系统。

（二）中等规模模式会计信息系统

中等规模的会计信息系统具备会计信息系统各个核算模块，其主要目的是进行核算工作，以及基本的分析与管理工作。

在技术上，一般是一个较大的局域网络系统，或者还存在部分跨地域的管理系统。

（三）大规模模式会计信息系统

大规模的会计信息系统要求功能复杂，数据量大，在网络系统下，既要求充分实现数据共享，又要求各业务核算岗位能独立处理。有的还有并账和合并报表、全面预算、资金管理等模块方面的要求。

在技术上，一般是基于互联网的跨地域系统，通过数据大集中的方式，实现分布式业务处理与集中管理。

四、会计信息系统的物理组织模式

（一）单机组织模式

单机组织模式是在一台计算机上运行会计信息系统，这种模式的优点是维护简单，投资很少，适用于业务量不大的企业或单位使用。

该模式的缺点比较多，具体包括以下几个方面的内容：

第一，每次仅能一人上机处理数据，不方便。

第二，不能同时处理多项业务，实时性差。

第三，对于已生成的会计信息，仅能在一台计算机上利用，信息的共享性差。

第四，一台计算机能处理的会计业务项目、会计业务有限，对于业务量大或需要进行多项会计业务来开展会计信息化的企业或单位而言，可行性差。

（二）多用户组织模式

多用户组织模式是以一台高档微型计算机为主机（也可用大中型计算机），再根据需要，连接若干个终端，实现数据的集中处理。这种模式的优点是维护简单，可靠性高，投资也较少，能够实现会计数据的实时处理；缺点是运行效率受主机的影响很大，挂接的终端数量有限制，而且只要主机出现问题无法运行，就会使系统全部瘫痪。这种模式适用于业务处理量不是很大的企业或单位。如果主机采用大中型计算机，就能实现大中型规模应用，但相应的投资和维护费用就会大大提高。

（三）网络组织模式

网络组织模式是以一台高档微型计算机为服务器，另外根据需要，连接若干个工作站。这种模式的缺点是投资相对较高，维护难度相对较大。

网络组织模式的优点，具体包括以下几个方面的内容：

第一，处理的所有数据都存放在服务器内，可以共享。

第二，可多人同时对一项业务或多项业务进行操作和处理，实时性好。

第三，可将会计业务之间的联系体现在一套会计软件系统中，充分体现了会计是一个信息系统的特点。

第四，工作站的数量可以达到几百个，甚至是上千个，适应性较强。

第五，可通过互联网或专线实现局域网之间的连接，实现一个较大的网络数据处理系统。对于大型企业和跨地区的企业而言，是一种比较好的组织模式。

五、集团会计信息系统模式

集团结构的组织是一种垂直模式，由基层单位、中间单位的会计信息系统和集团会计信息系统构成。

在集团会计信息系统中，全面预算和资金管理属于业务运行管理和监控的系统。主要管理内容如下：

（一）全面预算

全面预算管理是由一系列预算构成的体系，各项预算之间相互联系，关系比较复杂，很难用一个简单的办法准确描述。

全面预算管理是以企业的经营目标为基础，以销售额为出发点，进而延伸到生产、成本、费用和资金收支的各个方面，最后编制预计财务报表的一种整体预算。其特点是以销定产，使预算的每一个部分、每一项指标都围绕着企业经营决策所确定的目标利润来确定。

在具体编制全面预算时，应先编制营业预算和专门决策预算。在营业预算中，应首先编制销售预算；然后，依次编制生产预算、直接材料预算、直接人工预算、制造费用预算、期末存货预算、销售及管理费用预算等，同时编制各项专门决策预算；最后，根据营业预算和专门决策预算，再编制财务预算。各项预算相互牵制、互为因果。

（二）资金管理

集团企业的资金管理极其重要，主要包括以下内容：

第一，加强资金预算和资金分析。对开户单位的资金流动，做到事前预算、事中控制和事后分析。利用先进的计算机信息技术，自动生成资金日报，加强资金分析，辅助企业管理者做出科学决策。

第二，有效地利用资金沉淀，降低财务费用。通过资金运作，发挥集团资金效益。

第三，优化流程，提高效率。简化业务流程，将结算中心的业务前移，提高结算中心的工作效率。

第四，加强资金监控。对资金的使用情况进行全过程监控，确保资金的安全运行。

第二节 会计信息化后的使用管理

一、会计信息化后使用管理的意义

会计信息化后的使用管理，主要是通过对系统运行的管理，保证系统正常运行，完成预定任务，确保系统内各类资源的安全与完整。虽然会计信息系统的使用管理主要体现为日常管理工作，但它是系统正常、安全、有效运行的关键。如果一个企业的操作管理制度不健全或实施不得力，都会给各种舞弊行为以可乘之机；如果操作不正确，就会造成系统内数据的破坏或丢失，影响系统的正常运行，也会造成录入数据的不正确，影响系统的运行效率，直至输出不正确的账表；如果各种数据不能及时备份，则有可能在系统发生故障时，使得会计工作不能正常进行；如果各种差错不能及时记录下来，则有可能使系统错误运行，输出不正确、不真实的会计信息。

二、会计信息系统的使用管理

会计信息系统的使用管理主要包括对机房的管理与对上机操作的管理。

（一）服务器机房的管理

1.机房管理的内容

会计信息化后，服务器是会计数据的中心。大中型企业需要建立专门的服务器机房，便于管理和提高安全性。设立机房主要有两个目的：一是给计算机设备创造一个良好的运行环境，保护计算机设备，使其稳定地运行；二是防止各种非法人员进入机房，保护机房内的设备、机内的程序与数据的安全。

机房的管理内容主要包括以下几个方面：

第一，对有权进入机房人员进行资格审查。一般来说，系统管理员可进入机房，系统维护员不能单独留在机房。

第二，机房内的各种环境要求，如机房的卫生要求、防水要求。

第三，机房内各种设备的管理要求。

第四，机房中禁止的活动或行为，如吸烟、喝水等。

第五，设备和材料进出机房的管理要求等。

企业在制定具体的管理制度时，要根据具体的条件、人员素质和设备情况等综合考虑。

2.机房管理制度

机房管理制度主要包括以下内容：

第一，凡因工作需要进入机房的人员，都必须遵守机房的各项规章制度。非工作人员严禁入内。

第二，保持机房的环境卫生，定期清理计算机及其他设备上的灰尘。

第三，严禁在计算机前喝水和吸烟，以免引起短路、火灾或其他损失。

第四，为防止意外事故的发生，机房内应配备灭火设备，并杜绝一切火源。对于机房内的一切电气设备，必须经过电工同意后方可安装，其余人员不得拆除或安装。

第五，任何人员不得擅自打开机箱，撤换计算机配件、电缆线等，如果发现设备有问题，应立即报告分管领导来解决。

第六，不得私自复制机房的软件和数据；对于外来软件，必须经过检测且显示无病毒后才能使用；存储介质也要经过检测且显示无病毒后才能使用，并存放于机房。

第七，严禁在计算机内安装或运行游戏。

第八，未经许可，不准对外服务，以防病毒传入。

第九，机房无人时应加锁，确保服务器的安全。

（二）操作管理

1.操作管理的内容

操作管理是指对计算机及系统操作运行的管理工作，其主要体现在建立与实施各项操作管理制度方面。操作管理的任务是建立会计信息系统的运行环境，按规定录入数据，执行各子模块的运行操作，输出各类信息，做好系统内有关数据的备份及故障时的恢复工作，确保计算机系统的安全、有效、正常运行。操作管理主要包括下列内容：

（1）操作权限

操作权限是指系统的各类操作人员所能运行的操作权限，主要包括以下几方面的内容：

第一，业务操作员应严格按照凭证输入数据，不得擅自修改已复核的凭证数据，如发现差错，应在复核前及时修改或向系统管理员反映；对于已输入计算机的数据，在登账前发现差错，可由业务操作人员进行改正；如在登账之后发现差错，必须另做凭证，以红字冲销，录入计算机。

第二，除了软件维护人员之外，其他人员不得直接打开数据库进行操作，不允许随意增删和修改数据、源程序和数据库结构。

第三，软件开发人员不允许进入实际运行的业务系统操作。

第四，系统软件、系统开发的文档资料均由系统管理员负责，并指定专人保管，未经系统管理员许可，其他人员不得擅自复制、修改和借出。

第五，对于存档的数据介质、账表和凭证等各种文档资料，由档案管理员按规定统一复制、核对和保管。

第六，系统维护人员必须按有关的维护规定进行操作。

（2）操作规程

操作规程主要指操作运行系统中应注意的事项，它们是保证系统正确、安全运行，防止各种差错的有力措施，其主要包括以下内容：

第一，操作人员在上机操作前后应进行登记，填写姓名、上机时间和下机时间、操作内容，供系统管理员检查核实。

第二，操作人员的操作密码应注意保密，不能泄露。

第三，操作人员必须严格按操作权限操作，不得越权或擅自上机操作。

第四，每次上机完毕，应及时做好所需的各项内容的备份工作，以防发生意外事故而破坏数据。

第五，未经批准，不得使用格式化、删除等命令或功能，更不允许使用系统级工具对系统进行分析或修改系统参数。

第六，不能使用来历不明的存储介质，不得进行各种非法拷贝工作，以防止计算机病毒的传入。

2. 上机操作制度

上机操作制度主要包括以下几个方面：

第一，上机人员必须是有权使用会计信息系统的人员，经培训合格并经财务主管正式认可后，才能上机操作。

第二，操作人员上机操作前后，应进行上机操作登记，填写真实姓名、上机时间、退机时间、操作内容，供系统管理员检查核实。

第三，操作人员的操作密码应注意保密，不能泄露。密码要不定期地变更，设置的密码不得少于6位数，要用数字和字母组合而成，密码使用期限最长不超过3个月。

第四，操作人员必须严格按操作权限进行操作，不得越权或擅自进入非指定系统操作。

第五，操作人员应严格按照凭证输入数据，不得擅自修改凭证数据。

第六，每次上机工作完毕后，都要做好数据备份，以防意外事故而破坏数据。

第七，在系统运行过程中，操作人员如要离开工作机器，必须在离开前退出系统，以防止其他人越权操作。

第八，工作期间，不得从事与工作无关的内容。

3. 操作规程设计

操作规程设计主要包括以下几个方面：

第一，开机与关机。开机的顺序应为显示器、主机、打印机；逆序则为关机的顺序。

第二，严禁在开机通电时插拔显示器、打印机、网络线、键盘和鼠标等电缆线。

第三，严禁在硬盘、光盘驱动器等存储介质工作指示灯亮起时关机或断电。

第四，关机后，至少应间隔一分钟后，才能重新开机。

第五，不准使用外来存储介质和无版权的非法软件，储存介质不得私自带出，防止技术经济信息泄密。如果确实需要使用外来存储介质及相关软件，必须经管理人员同意，且经检测显示无病毒后方可使用，如不经检测便私自使用外来存储介质及相关软件，使计算机染上病毒者，按传播病毒严肃处理。

第六，计算机硬盘中安装的是公共文件，上机人员不能进行删除、更名等操作。上机人员自己的文件和数据必须存入子目录中使用并自行备份，系统管理人员将定期清理计算机硬盘，删除非公共文件和数据。

第七，严禁在计算机上玩游戏和利用聊天工具。

第八，未经允许，不得通过互联网下载任何软件或文档。

三、会计核算软件的二次开发

会计核算软件的二次开发，是指当会计核算软件的功能不能完全满足用户的需求时，用户需要在原来软件的基础上进行进一步的开发，以补充、改进软件的一部分功能，满足自身对会计核算业务的要求。

通常，商品化会计核算软件在开发过程中主要考虑的是软件的标准使用模式。企业会计信息化工作的深入开展和用户计算机业务能力的提高，都要求对原有的软件功能进行拓展。对会计核算软件进行二次开发的主要原因有以下几种情况：

第一，新商品会计核算软件的功能不能实现某些特殊会计核算处理的要求，需要增加这部分会计核算业务的程序模块。

第二，原有商品化会计核算软件的功能与企业具体情况不完全符合，要在原有程序模块的功能上进行修正。

第三，将商品化会计核算软件系统组合到企业的管理信息系统工作中，使会计核算系统成为企业管理信息系统的一个子系统。

根据企业不断变化的外部环境和企业内部管理的要求，加强企业的内部管理已成为会计部门和企业其他管理部门的当务之急。企业急需各种各样的、大量的、全方位的信息，并通过对这些信息的处理做出企业管理事项的决策。

商品化会计核算软件通常是使用范围比较广泛的会计软件，虽然其针对不同行业的会计核算工作的特点推出了不同的版本，但不可能将行业的信息要求、个别特殊信息需求及其他未考虑到的信息需求一一罗列，因此企业需要进行会计软件的二次开发。

（一）会计软件的二次开发工作需要考虑的事项

第一，根据财务管理、业务管理的要求，进行分析、设计、规划等工作。

第二，根据当前的或以后的计算机系统技术条件，进行分析、设计、规划等工作。

第三，分析软件开发后所能带来的工作效益、经济效益。

第四，计算会计软件二次开发所需要的工作时间、工作费用。

第五，确定会计软件二次开发所需要的物资条件、开发工具与人员。

第六，制定会计软件二次开发时的制度与规范。

第七，检查目前是否有现成的软件可以直接应用，是否有稍微改动即可应用的软件，或者是否可以稍微改动企业的管理方式，以适应会计软件的设计要求。

第八，会计软件二次开发的测试、修改、维护、版本升级。

第九，会计软件二次开发后，上级财务、会计、业务主管部门的审批。

（二）会计软件的二次开发工作应注意的问题

第一，软件开发成本失控。

第二，软件开发进度失控。

第三，最终用户对已完成的软件系统不满意。

第四，在软件开发过程中遇到了预先没有估计到的技术方面或其他方面的困难。

第五，软件产品的质量失控。

第六，软件开发过程中人员的更换和离去。

第七，软件没有相应的技术资料和使用说明。

第八，软件开发完成后未达到预期的投入产出比。

第九，相关人员或内部人员对会计软件的二次开发失去信心，或者在二次开发的过程中没有责任心。

第十，软件开发速度低于计算机技术的发展速度，或者低于其他相同功能软件的发展速度。

第三节 会计信息化后的档案管理

一、档案管理的意义

会计信息化后的档案，主要包括打印输出的各种账簿、报表、凭证、存储的会计数据和程序的存储介质，系统开发运行中编制的各种文档，以及其他会计资料。会计信息系统的档案管理，在整个会计信息化工作中起着重要的作用。

（一）良好的档案管理是会计信息化工作连续进行的保障

会计信息系统的档案是会计档案的重要组成部分。会计档案是各项经济活动的历史纪录，也是检查各种责任事故的依据。只有会计档案保存良好，才能连续反映单位的经济情况，才能了解单位经营管理过程的各种弊端、差错和不足，才能保证信息的有效利用，才能保证系统操作的正确性和系统的可维护性。

（二）良好的档案管理是会计信息系统维护的保证

在会计信息化后的档案中，各种开发文档是其中的重要内容。对信息化的会计系统来说，其维护工作有以下特点：

第一，理解别人写的程序通常非常困难，而且软件文档越不全、越不符合要求，理解就越困难。

第二，会计信息系统是一个非常庞大的系统，其中的子系统也是非常复杂的，而且还包含了会计与计算机两方面的专业知识，了解与维护系统非常困难。

因此，如果没有保存完整的系统开发文档，系统的维护将非常困难，甚至不可能。如果出现这样的情况，将很可能造成系统的长期停止运转，严重影响会计工作的连续性。

（三）良好的档案管理是保证系统内数据信息安全完整的关键环节

当系统程序、数据出现故障时，往往需要利用备份的程序与数据进行恢复；当系统处理需要以前年份的数据或计算机内没有的数据时，也需要将备份的数据拷贝到计算机内；对系统的维护，也需要各种开发文档。因此，保存良好的档案，是保证系统内数据信息安全完整的关键环节。

（四）良好的档案管理是会计信息更好地为管理服务的保证

让会计人员从繁杂的事务性工作中解脱出来，充分利用计算机的优势，及时为管理人员提供各种管理决策信息，是会计信息化的最高目标。对计算机来说，如果计算机内没有相应的数据，那么就无法分析数据。实现会计信息化的根本目标，必须有保存完好的会计数据。只有进行良好的档案管理，才可能在出现各种系统故障的情况下，及时恢复被毁坏的数据；只有保存完整的会计数据，才可能利用各个时期的数据，进行对比分析、趋势分析和决策分析等。所以，良好的档案管理是会计信息得以充分利用、更好地为管理服务的保证。

二、档案管理的任务

（一）保证按要求生成各种档案

按要求生成各种档案，是档案管理的基本任务。一般来说，各种开发文档应由开发人员编制，会计部门应监督开发人员提供完整的、符合要求的文档；各种会计报表与凭证应按国家的要求打印输出；各种会计数据应定期备份，重要的数据应强制备份；计算机源程序应有多个备份。

（二）保证各种档案的安全性与保密性

会计信息是加强经济管理、处理各方面经济关系的重要依据，绝不允许被随意泄露、破坏和遗失。各种会计信息资料的丢失与破坏，自然会影响到会计信息的安全性与保密性；各种开发文档及程序的丢失与破坏，都会危及运行的系统，从而危及系统中会计信息的安全与完整。因此，应加强档案管理，保证各种档案的安全性与保密性。

（三）保证各种档案得到合理、有效利用

档案中的会计信息资料，是企业了解经济情况、进行决策分析的依据；各种开发文档，是系统维护的保障；各种会计信息资料及系统程序，是系统出现故障时，恢复系统、保证系统连续运行的保证。合理、有效地利用各种档案，有利于工作的开展。

三、档案管理的方法

（一）会计信息化后档案的生成与管理办法

计算机代替手工记账后，会计档案除指手工编制的会计凭证、会计账簿和会计报表外，还包括计算机打印输出的会计凭证、会计账簿和会计报表，以及存有会计信息的存储介质、会计信息系统开发的全套文档资料或商品化会计软件的使用与维护手册。

1.记账凭证的生成与管理

用计算机代替手工记账有以下两种方式：

第一，将原始凭证直接录入计算机，再由计算机打印输出。在这种情况下，记账凭证上应有录入员的签名或盖章、稽核人员的签名或盖章、会计主管人员的签名或盖章，有关姓名也可由计算机打印生成。对于收付款记账凭证，还应由出纳人员签名和盖章。打印生成的记账凭证应视同手工填制的记账凭证，按《会计档案管理办法》中的有关规定立卷归档保管。

第二，手工事先做好记账凭证，再由计算机录入记账凭证后进行处理。在这种情况下，保存手工记账凭证与机制凭证皆可，如保存手工记账凭证，其处理与保管办法可按《会计档案管理办法》的有关规定进行；如保存机制记账凭证，其处理与保管办法与由计算机生成记账凭证的处理与保管办法相同。需要强调的是，在计算机记账后发现记账凭证录入错误时，保存手工记账凭证的，需同时保存为进行冲账处理而编制的手工记账凭证；保存机制记账凭证的，需同时保存用于冲账处理的机制记账凭证。

2.会计账簿、报表的生成与管理

已由计算机全部或部分代替手工记账的企业或单位，其会计账簿、报表以计算机打印的书面形式保存，保存期限按《会计档案管理办法》的规定办理。但财政部在制定管理办法时，考虑到计算机打印的特殊情况，在会计资料生成方面进行了一些灵活规定，除要求日记账需要每天打印外，对于一般账簿，可以根据实际情况和工作需要按月或按季、按年打印；对于业务较少的账簿，可满页打印；对于现金、银行存款账，可采用计算机打印输出的活页账装订。

3.存储介质的管理

存有会计信息的存储介质，在未打印成书面形式输出之前，应妥善保管并留有副本。一般说来，为了便于利用计算机查询，以及在会计信息系统出现故障时进行恢复，这些介质都应视同相应会计资料或档案，妥善保存，直至会计信息完全过时。

4.系统开发的文档资料的管理

系统开发的全套文档资料，应视同会计档案，保管期截止到该系统停止使用或有重大更改之后的5年。

（二）会计信息系统档案管理制度

档案管理一般是通过制定与实施档案管理制度来实现的，档案管理制度一般包括以下内容：

第一，存档的手续，主要是指各种审批手续。例如，打印输出的账表必须有会计主管、系统管理员的签章，才能存档保管。

第二，各种安全保证措施。例如，应在备份的刻录光盘上贴写保护标签，存放在安全、洁净、防热、防潮的场所。

第三，档案管理员的职责与权限。

第四，档案的分类管理办法。

第五，档案使用的各种审批手续。例如，调用源程序应由有关人员审批，并应记录调用人员的姓名、调用内容和归还日期等。

第六，各类文档的保存期限及销毁手续。例如，对于打印输出账簿，应按《会计档案管理办法》的规定保管期限进行保管。

第七，档案的保密规定。例如，对于任何伪造、非法涂改、变更、故意毁坏数据文件，或账册、存储介质等行为，都将做出相应的处理。

第四节 会计软件数据接口标准

一、制定标准的过程和意义

目前，在国内使用的会计软件有不同的种类，第一类是国外的会计软件或 ERP 中的会计模块；第二类是国内的商品化会计软件；第三类是一些定点开发或自行开发的项目型会计软件。各软件采用不同的数据库平台和独立设计的数据库结构，形成了自己的体系。由于各种软件之间不能互相交换数据，在各会计软件之间就形成了数据孤岛，这为其他需要会计数据的软件制造了障碍。为获取会计软件的数据，不得不采用各种方法实现，但从整个社会的角度讲，不仅会造成浪费，同时也影响了软件业本身的发展。

1998 年，中国软件行业协会财务及企业管理软件分会编制了《财务软件数据接口标准 98-001 号》，在一段时间内起到了一定的规范作用。2002 年，上海市质量技术监督局也发布了《信息技术会计核算软件数据接口规范》，在上海市进行应用。目的是使会计软件数据接口能在更大范围执行和应用，满足会计软件和其他软件的发展要求。2004 年，中华人民共和国审计署、财政部等单位制定和发布了《信息技术会计核算软件数据接口》国家标准，为不同软件之间的数据交换提供技术保障。这一标准的发布，无疑推动了整个软件业应用会计数据的发展。

2010 年，财政部归口管理的 XBRL 技术规范系列国家标准由国家标准化管理委员会正式发布，为 XBRL 在我国的应用奠定了坚实的技术基础。同年，企业会计准则通用分类标准发布，2011 年在部分企业和会计师事务所的成功实施，为促进财务报告信息深度利用和实现会计信息"数出一门、资源共享"奠定坚实基础。

二、标准的主要技术内容

各种会计软件保存会计核算数据的数据模式不尽相同，但仍可从中归纳出其共有的数据模式。具体地讲，会计核算数据主要包括电子账簿、会计科目、科目余额、记账凭证、应收应付、工资、固定资产、报表等部分，它们之间既相互独立又密切相关，构成有机统一的会计核算体系和信息体系，这就为会计核算软件数据接口标准的建立奠定了基础。编制数据项目，再按照一定的方式组织起来，就形成了标准的数据体系。标准数据输出的格式要求为 XML 格式。

三、使用会计软件接口标准能够达到的目的

（一）满足财政、审计、税务等有关部门对会计数据不同标准化的需要

现在，有关部门已经实现信息化管理，并应用于具体的业务管理工作。因此，某些工作与企事业单位的会计数据有密切关系。如审计软件运行的前提是应用被审计单位的有关电子数据（包括会计核算数据），但由于不同的被审计单位，其数据结构不同，采用的数据库系统也不同，这就需要通过会计数据接口进行数据应用。

政府或行业主管部门对有关部门会计信息进行汇总、分析，进行宏观管理。然而，由于历史原因和多种因素，完全采用同种软件可能在一定时期内有困难，甚至会长期存在多种软件并存的状况。如在一个集团企业中，集团总部和下属较大的单位可能采用国外的一些大型 ERP 软件；中型单位可能会采用国内的中型 ERP 软件；而部分小型单位，则可能采用小型的会计软件。出于对费用等多种因素的考虑，必然形成多种软件并存的局面。通过会计数据标准接口，就可使软件的输出数据归一化，从而达到统一汇总、分析的目的，或应用于其他方面。

（二）满足使用单位二次开发的需要

使用单位在应用软件上也可能存在多种软件并存的情况，如会计软件是其中一种，而用于采购、销售等是另一种软件，等等。因此，在会计软件与其他软件之间也需要接口。即使是集团企业，也有可能使用了多种会计软件，在此情况下，也需要对多种会计软件的数据进行统一的汇总、分析，或者用于内部审计、统计、计划等多个方面。

所以，企业在需要时可对其他软件进行开发，并通过接口完成数据交换，避免每个软件作一个接口。

（三）满足其他相关软件的需要

现在，一些企业或单位，如会计师事务所、咨询公司、金融单位等，在对具体单位进行审查、咨询、评估时，都要使用有关的业务分析和处理软件。这些软件需要以会计数据为基础，只有会计数据提供方的软件支持接口标准，才可以通过接口标准交换数据。

（四）满足使用单位建立会计数据资源库的需要

由于企业或单位需要使用某一种或某几种会计软件，因此若企业使用一种会计软件，则有可能企业在发展后不再使用原来的软件而需重新选择其他软件；即使重新选择的软件与原来的软件是同一家设计公司的，也可能限于软件所提供的功能，并不一定满足企业对数据进行分析和管理的需要。

从长期看，建立使用单位的会计数据资源库（或称数据仓库）十分有好处。通过会计软件数据接口标准，可以长期建立自己的会计数据资源库，不管是使用一家软件，还是几家软件，只要满足接口标准的要求，都很容易建立。在此基础上，采用有关的分析软件或编制相关软件就显得十分容易。

第三章 财务会计信息化建设

第一节 财务管理信息化概述

一、财务管理信息化的内涵

财务管理信息化虽然是将信息技术引入传统财务管理模式，但是对其内涵的理解不能仅局限于此，单纯强调技术概念会将财务管理信息化的实践引入误区。财务管理信息化应该是"三分靠技术，七分靠管理"，财务管理信息化不仅是采用计算机等信息技术，还是再造企业流程，更是人力资源潜能得以充分调动的一个过程。财务管理信息化需要相应的组织保障，并且使财务管理的内容发生变化，人力资源的管理与开发成为越来越重要的内容，财务管理信息化也开始强调"人本"理念。

财务管理是企业管理的核心，财务管理信息化又是企业管理信息化的一个重要组成部分。因此，可以参考企业信息化的定义，辅以财务管理的内容，以此对财务管理信息化的内涵进行界定。中国信息经济学创始人乌家培认为，企业信息化是指企业应用信息技术，开发利用信息资源，目的是在提高企业活动的效率和水平的基础上，增加企业的经济效益和企业的竞争力。根据企业信息化的一般定义、财务管理特殊的业务内容，以及财务信息化与传统财务模式的区别，可以给财务管理信息化下这样的定义：财务管理信息化是指财务人员利用现代信息技术，进行企业流程再造，建立与之相适应的财务组织模式，并调动财务人力资源的信息潜能，开发企业财务信息资源，提高财务活动效率，以此更好地组织企业财务活动，处理财务关系，从而实现企业利益相关者权益最大化的财务目标。

这个定义包含以下一些含义：

（一）现代信息技术是基础

现代信息技术是应用信息科学的原理与方法，研究同信息有关的技术的统称，具体是指有关信息的产生、检测、变换、存储、传递、处理、显示、通信等技术。财务管理信息化必然要包含现代化信息技术，否则财务管理信息化将无从谈起。现代信息技术是构成财务管理信息化物质基础的一部分。

（二）将财务信息资源作为企业的重要战略资源

人类社会先后经历了农业经济时代、工业经济时代和信息经济时代。在农业经济时代，土地是经济活动的战略资源；在工业经济时代，资本是经济活动的战略资源；进入信息经济时代，信息成为经济活动的战略资源。由于财务管理是通过营运资金，对价值运动及价值增值实施综合管理，而价值管理的主要手段是通过各种反馈信息来实现的，因此，财务信息资源成为企业的重要战略资源。建立财务管理信息化，就是为了充分挖掘企业的财务信息资源，以此提高企业的财务管理水平。

（三）以调动财务人力资源信息潜能为关键

在经济学家和管理学家的眼中，人先后被看作经济人、社会人、复杂人。进入信息社会以后，在信息化企业中，人将成为信息人。信息人就是能够使用和维护先进的信息技术，对信息资源做出科学的判断，并实施创造性开发，利用信息增值的劳动人。财务管理过程中必须重视开发这种人力信息资源。财务管理信息化与传统财务管理模式的主要区别在于前者采用"人本化"理念，实行开放式管理，充分发挥财务管理人员的自主性、积极性，激发其信息潜能，使其从被动管理转变成主动承担责任，从而推动企业财务管理走向一个新的层次。

（四）相应的财务组织学习型组织

财务管理信息化不是简单地采用先进的信息技术，更重要的是建立与之相适应的组织模式。国外管理学界提出的"再造企业"就是彻底改造传统的企业组织，以适应信息化社会的发展。美国麻省理工学院彼德·圣吉教授提出的"学习型组织"就是一种适应企业信息化的组织模式。这种组织模式既注重个人潜能的挖掘，又强调团队精神的发挥，同时，要求企业的每一个成员都要不断地学习，以适应不断变化的外部环境。

（五）利益相关者是服务对象

传统的财务管理目标是实现资本所有者的利益最大化。在进入信息化社会之后，根据知识经济的发展趋势和要求，本着对人力资本和知识资本的重视，这一现象有所改变。一方面，掌握了先进知识的所有者对企业的生存和发展起的作用越来越大，他们不再甘心只以企业雇员的身份存在，开始要求与资本所有者地位相同；另一方面，在信息化社会，掌握现代信息技术，且能够对信息资源进行创造性开发的现代知识型人才对企业的控制力越来越大，为了充分调动这部分人才的积极性，同时避免发生道德风险，必须提高他们在企业中的地位和待遇，实行"人本化"管理，这样财务管理信息化的实施与发展才有保障。

二、财务管理信息化的特征

财务管理信息化是在特定的环境下产生的一种全新的财务管理方式，它具有自己的特点。

（一）实现物流、资金流、信息流同步产生

信息化财务管理在信息技术的支持下，采取事件驱动会计模式，由生产经营活动直接产生财务数据，保证生产经营活动与财务数据相一致。财务部门从系统中及时获取资金信息，通过资金流动状况反映物料流动和企业生产经营情况，实时分析企业的成本和利润，提供决策所需要的信息，从而实现物流、资金流、信息流同步产生。

（二）财务组织弹性化

财务管理组织不再是以前传统的垂直式组织结构，而是根据实际管理的需求，将管理中心下移，减少环节，降低成本，建立扁平化、网络化的财务组织，加强组织横向联系，使企业不仅上下流通无阻，横向交流也顺畅，从而及时反馈财务信息。这样有利于企业财务预测、财务决策、财务分析及财务控制等工作的开展。

（三）财务管理集成化

财务管理集成化是指在企业内部网络和信息系统的基础建设上，从科学、及时决策

和最优控制的高度把信息作为战略资源加以开发和利用，并根据战略的需要把诸多现代科学管理方法和手段有机地集合在一起，实现企业内部财务人员、资金、财务信息等的综合优化管理。

（四）财务管理人本化

在信息化社会中，企业内部和外部信息网的建立，大大降低了企业获取有形资源的信息成本，资金和其他生产资料相对丰富，不再是"稀缺"的了。与此同时，信息人才成为十分"稀缺"的资源，管理的重点也从对物的管理转向对人的管理，其本质是对信息人才的管理，特别是注重人力资源的开发，真正做到人尽其才。财务管理中采用"人本化"理念，更加具有"人情味"。

（五）财务资源扩大

在信息化时代，企业为了适应激烈的竞争，纷纷组成供应链，采取此种形式参与竞争。这些组成供应链的企业存在着密切的关系，因此在进行财务管理时，应该考虑到这个因素。财务管理的资源不能仅限于本企业，财务管理人员应该站在供应链的角度进行财务决策。

（六）各相关系统分工模糊

在传统财务组织中，财务工作完全按照部门划分，各部门之间也经常发生摩擦。在20世纪80年代初期，我国会计理论界就会计和财务管理"谁包括谁"的问题进行过大量的讨论，持"大会计观"与"大财务观"的学者各持己见，争执不休。实施财务管理信息化后，在信息技术的支持下，业务流程重组使财务组织与会计组织之间的界限变得模糊，甚至可以跨越各自的界限，不再需要区分、界定会计和财务，它们统一在财务信息系统之中。

（七）财务管理由单一目标向多目标发展

在工业经济时代，企业财务管理的目标是"股东财富最大化"或"企业财富最大化"，这是由物质资本占主导地位的经济环境决定的。在信息化时代，企业资本结构发生了很大变化，物质资本的地位相对下降，而知识资本的地位相对上升，这使得财务管理的目标需要重新确定，既要考虑股东财富，又要关注股东以外的相关利益主体。自此，财务管理由单一目标向多目标发展。

三、财务管理信息化的内容

财务管理信息化的实现主要依靠若干个信息系统的集成。一般来说，财务管理信息化包括会计事务处理信息系统、财务管理信息系统、财务决策支持系统、财务经理信息系统和组织互联信息系统五个部分。其中，会计事务处理信息系统的作用是提供精确、及时的信息，提高财务人员工作效率和财务处理成功率；财务管理信息系统、财务决策支持系统和财务经理信息系统是从不同的角度、不同的层次解决财务管理中的计划、控制、决策等问题；组织互联信息系统是解决企业内部组织之间，以及企业与关联企业之间的信息传输问题。这些系统的成功建立和相互之间的集成管理是财务管理信息化成功的体现，它们之间的关系密不可分。

（一）会计事务处理信息系统

当企业出现经济业务时，会计事务处理信息系统就会对其进行处理并将它存储到数据库中，财务管理的各个部门、各个员工都能以某种形式或方式对其进行访问。一个会计事务处理信息系统通常由多个功能不同的子系统组成。每个子系统通过组织互联系统完成特定的会计数据处理，提供特定部分的信息；各子系统之间互相传递信息，共同完成一个既定的系统目标。会计的基本职能是反映、监督，所以会计事务信息处理系统通常分为会计核算信息子系统、会计管理信息子系统。每个子系统可根据会计业务的范围继续分为若干个子系统或功能模块。

（二）财务管理信息系统

从财务管理的具体内容来看，财务管理中的部分问题属于结构化问题，它们具有固定的处理模式，并且有一定的规范性，针对这一类问题，可以建立财务管理信息系统来解决。财务管理信息系统是一种新型的人机财务管理系统，它以现代化计算机技术和信息处理技术为手段，以财务管理提供的模型为基本方法，以会计信息系统和其他企业管理系统提供的数据为主要依据，对企业财务管理的结构化问题进行自动或半自动的实时处理。财务管理信息系统的主要目的是概括发生的事情，并把人们引向存在的问题和机遇。例如，对产品库存的管理，财务管理信息系统可以提供一份日报表，用于显示哪些产品的库存已降低到需要补充的阶段，以提醒财务人员采取订购更多产品的措施。

（三）财务决策支持系统

财务管理中的大部分问题属于半结构化或非结构化问题，都是事前难以准确预测的，且各种问题和解决问题的方法都是随环境变化而变化的，所以针对这些半结构化和非结构化的问题，需要建立财务决策支持系统。财务决策支持系统是一种非常灵活的交互式信息系统，它可以用来决策半结构化或非结构化的问题。一般来说，财务决策支持系统具有良好的交互性，可以使财务人员完成一系列假设分析，财务人员运用不同的模型列举可能方案，财务决策支持系统协助分析问题，预估各种不确定方案的结果，预测未来状况等，从而为企业决策者制定正确科学的经营决策提供帮助。

（四）财务经理信息系统

财务经理信息系统是一种将会计事务处理系统、财务管理信息系统、财务决策支持系统结合起来的高度交互式信息系统。通过财务经理信息系统，财务主管不仅可以充分利用企业数据仓库进行数据挖掘，还可以灵活选择财务报告的输出形式，以提供更明确和更具深度的信息，进而更加灵活、方便地从更多观察视角了解问题和机遇。

（五）组织互联信息系统

组织互联信息系统可以使企业的财务部门与其他部门之间、本企业与其他关联企业之间的财务信息自动流动，用以支持企业财务管理的计划、组织、控制、分析、预测、决策等，加强各个环节相互间的联系，从而支持企业的管理与生产。

四、财务管理信息化对财务体系的影响

从不同的角度分析财务管理的内容有不同的表述。从资金运动过程分析，财务管理包括资金筹措、资金投放、资金营运和收入分配等；从管理环节分析，财务管理包括财务预测、财务决策、财务控制和财务分析等；从财务要素分析，财务管理的内容有资金、现金流量、证券和资本经营等。面对这些纷繁复杂的内容，财务人员只有在明确财务管

理核心的基础上，才能在实际工作中把握重点，更好地组织财务活动、处理财务关系、提高财务工作的效率。但财务理论界对"财务管理的核心"有很大的争论，争论的焦点主要在财务决策和财务控制之间。一些学者提出了"财务控制论"，认为财务控制是财务体系的核心，财务工作应当围绕财务控制来开展。

主张"财务控制论"的学者认为，将财务决策作为财务管理核心，虽然能提高财务管理在现实经济生活中的地位，但不利于财务目标的有效实现，也不能对财务管理的实践发挥最有效的指导作用，原因包括以下两点：

第一，财务决策，尤其是最有效的长期财务决策，属于企业战略规划，这种决策规划的权力在公司治理结构中仅仅属于股东大会或董事会。年度财务预算的审批权也是如此，也就是说，"事前"财务管理权基本属于出资者，不属于只具有执行性的经营者和财务经理，经营者和财务经理在工作上主要集中在"事中"阶段。企业内部的多层代理关系使财务管理划分为出资者、经营者和财务经理多个层次。经营者和财务经理的基本职责是落实战略决策、实施公司预算，所以其被称为执行型，而不是决策型。

第二，决策就是决断。尽管所有决策都有一个复杂的分析比较、择优的过程，但是如果把财务管理的主要职责或职能规定在筹资决策、投资决策和股利分配决策上，那么作为财务管理核心人物的首席财务官或财务经理，以及其所在的财务部门会经常处于"待业"或"关门"的状态。因为一个企业的投资、融资和分配决策，尤其是长期投资决策、资本结构决策和股利分配决策，在企业错综复杂的经营管理活动中只属于偶发事件。正是基于这种认识，所以有的学者认为财务控制才是财务管理体系中的核心，而非财务决策。

实际上，实施财务管理信息化后，传统财务管理的管理模式、财务管理工作方式、财务组织设置方式等都发生了质的变化。在这种环境下，上述的两个原因都会消失。财务决策将取代财务控制成为财务管理体系的核心，原因包括以下几点：

第一，在传统财务管理模式下，由于条件有限，出资者、经营者、财务经理、财务人员之间相互脱节；而实现财务管理信息化以后，借助于信息通信技术，这四个层次的人员可以保持实时、全方位的联系，从而搭建一个新的财务管理系统，四个层次的人员各司其职，都在财务管理体系之中。

第二，由于人类社会进入了知识经济时代、信息时代，人的身份由社会人、复杂人转化成知识人、信息人。企业的员工以人力资本入股，其地位不再像以前一样，而是提高到与出资者的地位一致。此外，在信息化管理过程之中，若要提高管理人员的积极性，必然要让管理人员在一定权限、一定程度上拥有各自的财务决策权。决策权不仅仅是指董事会所拥有的长期财务决策权。

第三，由于使用了计算机管理、网络通信技术，企业的各个组织之间可以采用网络连接，使得全部数据的收集、初步加工、储存等都能够自行处理，企业的财务管理人员也从大量冗杂的工作中解放了出来，有更多的时间进行分析决策。

第四，虽然财务管理人员从原来大量的简单低价值的工作中解脱出来，但是信息时代经济环境更加复杂，决策要求更迅速，信息技术使得信息的产生量成倍数增长。因此，作为企业核心部门的财务部门不会经常处于"待业"或"关门"的状态，只是财务人员的工作性质有所变化，增加了决策的成分。在财务管理信息化条件下，财务管理人员的确比过去清闲了，这是因为信息技术使社会进步，人们可以享受技术进步带来的好处。

第五，从某种角度看，财务决策包括了财务控制。财务控制是将事前计划与事中实施进行比较，如果在实施过程中与计划不同，是否需要采取措施？采取什么措施？怎样采取措施？诸如此类财务控制的过程也属于财务决策。所以，在财务管理信息化中，财务管理的核心是财务决策。

五、建设财务管理信息化的目标

在一个高度信息化的企业环境中，企业财务管理应居于何种地位？毋庸置疑，企业财务管理应该比过去任何时候都要重要，但是它的重要性必须是建立在满足企业信息日益集成化的基础之上的。

（一）消灭信息孤岛

网络时代的企业财务管理系统不再是企业的一个信息孤岛。所谓信息孤岛，是指没有进行信息相互交换的企业内单个信息系统。当企业生产与管理环境中都缺乏网络沟通技术的支撑时，技术在企业中的应用往往都处于一种缺乏规划的随意状态。因此，企业应该用某种技术去解决某一特定的具体问题，而不是把该项技术融入企业的整个生产过程之中。若没有这样做，企业在技术的应用过程中就会形成很多不能相互融合的孤岛，即技术孤岛。技术孤岛不仅普遍地存在于企业的生产自动化方面，而且也普遍地存在于企业的信息系统和其他商业应用方面。

纵观我国过去几十年的发展，财务作为企业最主要的信息系统，很早就开始使用计算机了，但是企业财务系统使用计算机的目的通常是解决个别特殊的财务或其他商业问题，而很少从网络的角度去进行总体规划。从现象上看，我国企业的各个部门都已经拥有很多很好的计算机设备了，但由于缺乏总体的网络构思和设计，计算机在企业生产与管理领域中的功能非常有限，只是借助计算机满足手工状态下企业内部控制和信息处理的要求，却很少顾及甚至根本没有顾及现代信息技术自身的特性。当以纸张为载体的有关凭证在各部门之间相互传递时，该凭证上的信息便会在各部门的计算机上录入、再录入，不断地进行着信息的重复处理。从本质上看，这样的企业管理"现代化"只是停留在形式上的"现代化"，企业的整个管理构架和工作效率，与手工状态并无多大不同，甚至更为低下。因此，传统财务管理模式下的财务系统存在若干个信息孤岛，相互之间不能进行信息流通，某一决策所需要的信息可能一部分来自企业会计信息系统，另一部分则可能来自其他不同的信息系统。正是这个原因使得很多企业在管理现代化后没有任何竞争优势。

财务管理信息化的目标就是消灭财务信息孤岛，实现财务信息集成。由于传统财务管理模式中各信息系统之间不能有效地交换信息，所以任意一个独立的信息系统都无法提供某一决策所需要的全部信息资料，这样不仅会降低所需数据的可靠性，还会出现工作效率低下的情况或者做出失误决策，除此之外，收集这些信息所花费的成本也是非常昂贵的。

若要解决传统财务管理中的信息孤岛问题，就需要先模糊各信息系统的传统分工与界限。但这种模糊不是没有统一规划的模糊，而是有目的的模糊。通过模糊它们之间的界限，最终实现企业信息集成的目标。

（二）提升财务管理效率和准确性

在传统的财务管理模式下，大量的数据录入、核对、汇总工作依赖于人工操作，不仅耗时费力，还容易出错。财务管理信息化的重要目标便是通过引入先进的信息技术手段，如 ERP 系统、财务管理软件等，实现财务数据的自动化处理。这些系统能够自动从各业务系统中抓取数据，进行实时更新和智能分析，极大减少了人工干预，提高了数据处理的效率和准确性。同时，信息化系统还具备强大的数据校验功能，能够自动发现并纠正错误数据，确保财务信息的真实可靠。

此外，财务管理信息化还促进了财务流程的标准化和规范化。通过预设的财务流程和审批权限，系统能够自动执行审批流程，减少人为延误和错误，提高财务工作的透明度和可追溯性。这不仅提升了财务部门的整体工作效率，也为企业的稳健运营提供了有力保障。

（三）增强决策支持能力

财务管理信息化的另一个重要目标是增强企业的决策支持能力。通过构建全面、准确、及时的财务信息系统，企业能够轻松获取各类财务数据，并进行多维度、深层次的分析。这些分析不仅限于简单的财务指标计算，更包括趋势预测、成本分析、盈利能力评估等高级功能。这些分析结果为企业管理层提供了丰富的决策依据，帮助他们更准确地把握市场动态，优化资源配置，制定科学合理的经营策略。

同时，财务管理信息化还促进了财务与业务的深度融合。通过系统集成和数据共享，财务部门能够更深入地了解业务运营情况，及时发现业务中的潜在问题和风险点，为业务部门提供有针对性的建议和支持。这种紧密的协作关系不仅提升了企业的整体运营效率，也增强了企业的市场竞争力和抗风险能力。

利用财务管理信息化实现会计信息系统与其他管理信息系统的信息集成有多种方案，较常用的就是建立中心数据库或信息中心。各信息子系统或终端用户既可以根据交易的执行情况补充、修改、更新中心数据库的资料，又可以根据中心数据库的资料提供满足各种特定用途的信息。中心数据库可以与企业的成本中心、利润中心或投资中心相类似，它将在财务管理信息化中发挥至关重要的制胜作用。

第二节 财务管理信息化建设

一、财务管理信息化的理论基础

（一）财务管理信息化作用凸显

时至今日，企业信息化这一概念已深入人心，并广为流传，成为企业发展壮大不可或缺的"大管家"。财务管理信息化作为其组成部分，作用日益凸显。企业对于会计核算、进销存管理等应用需求出现了负增长，而对管理会计、集团管理等应用的需求却急速增长。由此可以推断，以管理会计等为基础的财务管理信息化建设正在逐渐受到企业重视，并得到推广应用，也说明了财务管理信息化的作用逐渐凸显。

从企业对财务管理信息化的需求可以看出，单纯地节省人力资本投入、提高工作效率并不是企业信息化建设的终极目标，企业信息化必将向着智能化的决策支持型方向发展。财务数据是企业的核心资源，财务管理工作是其他一切决策的基础和保障，财务管理信息化工作至关重要，关乎企业信息化建设的成败。因此，研究财务管理信息化对我国企业信息化的发展具有重要理论价值和现实意义。

（二）企业信息化、会计信息化、财务管理信息化的关系辨析

会计电算化是我国企业应用信息化手段解决企业管理问题的最初尝试，并且为我国企业信息化的发展奠定了坚实的基础。企业信息化是随着会计电算化的成熟应用，针对企业管理需求，向其外围关联性和多方向性发展。它是以财务为核心，将其功能逐渐延伸至业务前端，站在业务的第一线搜集信息，并提供管理方面的协助。

伴随着企业信息化的发展，会计信息化的地位被逐渐提升，在其丰富的数据基础上衍生出了对数据的深层处理和分析，并与传统财务管理相结合，形成了现代企业管理信息化的核心内容之一，即财务管理信息化。由此，企业信息化从最初的以代替手工工作、提高效率为目的，转变为以综合处理企业各项业务信息为目的，并逐步向企业整体管控和决策支持方向发展。

在发展演进的过程中产生了企业信息化、会计信息化和财务管理信息化三个重要的

概念，但是基于其产生与发展过程的并行性及相互关联性，三者之间的关系较为复杂，概念范畴与功能存在很多模糊不清的地方。因此，在研究财务管理信息化的过程中厘清三者之间的关系显得尤为重要。

企业信息化、会计信息化及财务管理信息化之间的关系可以界定为以下三点：

第一，会计信息化是财务管理信息化的基础，面向报告。

第二，财务管理信息化是会计信息化的升华，面向决策。

第三，企业信息化为财务管理信息化提供环境，财务管理信息化又为企业信息化提供重要支持。

因此，企业信息化、会计信息化及财务管理信息化之间具有相对的独立性与显著的依附性，财务管理信息化则是基于企业信息化、会计信息化的网络，将信息转化成企业管控与决策所需资料的过程。

（三）财务管理信息化的理论界定

目前，财务管理信息化并没有形成独立的理论体系，还存有许多亟待解决的理论问题。财务管理信息化是伴随着会计信息化的发展而产生并发展的，所以对财务管理信息化的概念与内涵还没有统一明确的界定。

有一种观点认为财务管理信息化是基于信息技术和企业宏观、微观管理环境，以支持实现企业价值最大化的财务决策活动为目标，通过整合企业管理流程，改进财务管理方式，形成科学的财务决策、财务控制的过程。另一种观点认为财务管理信息化是企业管理信息化的核心组成部分，它主要帮助企业做出对各类财务数据的处理与分析，并进行管理和监控活动，与相关各方沟通。总体而言，两种观点都较全面地从宏观层面概括了财务管理信息化基本概念和内涵，对于财务管理信息化理论的丰富与发展具有一定的推动作用。

还有一种观点认为财务管理信息化是在"大财务观"的基础上提出的，它具体指企业通过业务流程重构，利用计算机技术、通信技术、网络技术和各项数据库技术，将企业的资金流、信息流和物流等整合为一体。在建立财务管理信息化的过程中增强系统的柔性，以达到控制与集成财务管理活动。同时，还为企业提供经营前期预测、制定决策、实时控制和分析反馈等手段，实现企业内外部财务管理信息的共享和有效利用，以提高企业的经济效益和市场竞争力。这一界定的提出在一定程度上补充了前面两种观点，分别从宏观层面和微观层面加以阐述，使得财务管理信息化理论的建设更全面。

财务管理信息化的内涵还可从基础依托维度（包括技术维度和数据维度）、核心内容维度和终极目标维度进行界定，其主要的内容如下：

1.基础依托维度

财务管理信息化以计算机技术、信息技术、商业智能等为技术基础，以会计信息系统等作为主要数据基础，融合传统的财务管理理论，打造基于企业流程再造与重组的集中化、共享化信息平台。

2.核心内容维度

财务管理信息化借助先进的信息化工具，更好地完成了传统财务管理工作，并在此基础上将信息转化为资料，做出更为人性化的决策。

3.终极目标维度

财务管理信息化提供了经营预测、决策、控制和分析手段，并致力于使企业战略价值最大化，这是企业信息化的核心内容。

综上，财务管理信息化是以财务管理手段信息化创新为抓手，成为企业信息化核心组成部分之一，具有虚拟独立与现实依附双重特性。虚拟独立性在功能上有别于会计信息化等其他企业管理信息化系统，体现在借助信息化手段来完成资金筹集、投放、营运、收益分配，以及在这个过程中出现的各项管控工作。现实依附性是财务管理信息化借助会计等其他信息系统进行数据搜集，其管理触角的延伸也依附于其他系统管理功能的扩张，实施效果与其他系统的实施状况息息相关。从本质上讲，财务管理信息化是借助信息化手段来完成传统财务管理的预测、决策、预算、控制及分析评价与激励等工作，让信息的知识化服务于企业决策。在实务中，财务管理信息化是用信息技术进行资金筹集、投放、营运、收益分配等管理工作的总称。

二、财务管理信息化建设的必要性与目标

（一）企业财务管理信息化建设的必要性

1.企业

第一，财务信息化对提升企业整体竞争力、发展战略具有十分重要的意义。

财务信息化是实现信息共享、信息整合的基础，是加强财务集中监管的有力手段，

帮助企业管理者及时掌握企业经营状况，为实现事前计划、事中控制和事后监督相结合的财务监管提供支持，为当前财务工作中的一些重大问题提供解决工具。

第二，财务信息化建设是提高财务管理水平、促进财务管理现代化的必要手段。

企业财务信息化是管理现代化的体现，是核算全面化的要求，而"数出一门"是数据准确性的保证。为优化企业资源配置，企业必须实行统一的财务制度和管理规范，统一资源调配，强化决策和经营考核，强化利润目标和成本控制，坚持账务分开、权责相对独立、计量单位和报表格式统一、考核决策一致的财务管理原则，以方便企业财务对信息的采集和处理。所以，采用现代化管理手段成为必然的选择。

第三，财务管理现代化、信息化是实现企业战略目标的迫切需要。

财务管理是提升企业管理水平的核心，财务工作必须面向企业、面向发展、面向未来，树立市场导向、效益优先、开拓发展的思想，根据以人为本、机制创新、政策推动的方针，切实推进管理模式变革。管理模式变革和管理工具改善是一个良性互动的过程，财务信息化建设本身包含管理模式变革与管理工具改善两个方面，要提高整个企业财务管理的水平，就必须借助有效的管理手段来进行财务信息化建设。

第四，财务信息化建设在提高企业经济效益水平方面具有现实意义。

财务信息化建设能够减轻财务人员的劳动强度、提高工作效率、节约资金成本、节省物料、降低内部交易成本、提高企业经营绩效等。总结国内众多大型企业集团的经验，可以发现，成功的财务信息化建设确实能够大大提高企业管理水平和企业经济效益。

2.国际经济的组织形式

21世纪，国际经济组织形式发生了重大变化，财务管理组织形式受其影响也发生了重大变化。财务信息化管理是适应国际经济新形势的必然产物。具体表现如下：

（1）知识经济型产业要求财务信息化管理

传统产业转型成依靠信息化支撑的知识经济型产业。信息化带动了传统工业化，工业化也必然推动信息产业化。信息产业实现了市场、结算、股东的远距离控制，加大了资本、技术、资源、市场的国际化流动。此时，传统的财务报表、统计报表信息模式不能满足高速运转的国际经济组织形式的需要，所以要选择与之相适应的财务信息化管理模式，以支撑知识经济型产业。

（2）经济全球化要求财务信息化管理

世界各国为了追求宏观资源配置效率和微观资源使用效率，满足新产业、新技术、新产品、低成本、大市场的经济需求，通过商品的自由流动来打破国界，促进了经济全球化的全面加速。所以，只有依赖知识经济时代的现代信息、现代物流，财务信息化管理才能支撑全球市场的统一，支撑经济全球化的全面实现。

（3）国际资本市场、国际化管理要求财务信息化管理

经济全球化不仅影响着资本扮演的角色，还不断打造着财务管理模式，使传统的财务管理模式发生了较大的变化。面对高度现代化的信息产业时代，全球市场、全球资本、全球结算、国际贸易的重要性决定了业务信息、资金信息、财务信息等公司主体信息在系统上的运作方式。财务管理目标决定了财务管理的手段必须信息化，从而全面推进财务信息化管理。

（二）企业财务管理信息化建设的目标

财务管理信息化建设的总体目标便是在企业范围内建立一套安全、规范、统一的信息管理系统。根据当前财务管理业务的内在需求，企业财务管理信息化建设的目标如下：

第一，建立标准化的财务管理信息化平台。标准化的财务信息化平台是企业实现财务管理基础化和信息化的首要目标和前提。它包括统一的软件和数据接口、规范化的会计核算方式和统一的报表格式，并在满足不同会计核算制度需求的前提下，统一会计科目、代码和会计政策等。

第二，建立有序高效的资金管理体系，加强财务监督职能，实现财务信息的实时共享。对资金合理统筹调度、配置和使用，改善资金架构，解决资金短缺与沉淀并存的问题；掌握企业资金流向，有效提高资金使用率，降低资金运营风险和使用成本，利用追溯查询、远程查询等功能对企业财务信息进行全方位地实时监控，与内部审计相结合，及时发现问题，避免产生风险。

第三，实现强大灵活的报表生成系统，以及支持财务分析、管理会计和决策分析等功能。建立统一标准的报表体系，快速自动生成、汇总各公司的内部会计报表；支持各类基本报表、行业报表及公司内部管理报表等；支持各种格式报表的输入输出，能与其他软件的报表完成数据交换。根据报表能够准确分析出各类财务指标，在信息实时、准确、共享的基础上，支持管理者查询和决策分析，整体提高各基层单位的财务管理水平。

第四，建立和完善企业预算管理体系和成本管理体系，强化财务管理功能。根据不同层次单位的特点，设计不同的预算和成本管理方案，落实预算和成本管理工作，建立完善的资金、财务、资本、筹资等预算体系，并建立适用、准确、先进的成本核算体系。使企业预算和成本的组织、编制、实行、控制、调整、分析、考核等形成一套完整、规

范的闭环程序。

三、财务管理信息化存在的问题及对策

（一）企业财务管理信息化建设过程中的常见问题

1.对财务管理信息化的核心地位认识不足

在企业发展初期，企业的财务管理工作所需人员较少，但随着企业的不断发展，财务管理的工作量也逐渐增长，财务管理工作需要进行不断深化与细化，大量的业务数据需要在短时间内处理，财务信息所涉及的关联面逐渐变广。传统的手工信息处理，需要通过人力对账簿信息与纸张信息进行手工处理，花费的时间较长，在业务复杂、工作量大的情况下，数据的真实性得不到保障。传统的手工信息处理已经不能满足企业在发展过程中对财务管理的需求。因此，应建设现代化企业财务管理信息系统，完善财务资金管理，加快企业发展速度。许多企业在财务管理信息化建设过程中没有突出建设重点，缺乏对其核心地位的认识。从手工操作到信息技术的转变，是企业财务管理信息化建设的基础，只有将财务管理信息化建设作为企业管理信息化建设的主要核心，才能实现企业现代化管理。

2.信息真实性得不到保证

信息管理在现代化企业管理中十分重要，真实的信息是科学决策的基础依据。在企业管理中，掌控企业的资金和物资流向需要依靠真实的信息，信息失真就会造成企业管理失控。目前，我国许多企业存在信息失真的问题，在数据采集的过程中，没有对数据进行深入挖掘和充分利用，导致企业的信息不集成、不对称、不透明，无法统一处理。还有部分企业管理部门因为自身利益，没有提供真实的相关信息，导致信息失真和信息缺失。企业应采用统一的处理软件，保持信息编码一致，以此提高信息整合程度及使用率。企业管理信息化建设可以有效实现财务内部的资金控制，及时传递各种真实的业务数据信息，为企业决策提供可靠的依据。

3.缺失传统的会计流程

传统的会计流程是将采集的会计数据重复储存到信息系统里，无法全面反映经济业务的真实面目。信息传递与反映的速度较慢，容易造成业务信息滞后，从而给信息质量

带来影响，降低信息的相关性，导致企业无法实现对财务资金的控制与管理。

随着信息技术的发展与应用，许多企业财务部门将信息技术应用到会计信息管理中，但由于传统财务会计结构存在局限，信息技术没有得到充分的利用与发挥，财务会计流程也没有新的设计，依然保持传统的手工信息处理，导致会计流程的缺失。

4.财务信息管理缺乏人才

越来越多的企业在管理方面重视人才培养，其中包括研发专员、生产经营专家、计算机技术人员、资金控制技术人员等，但在企业财务管理方面，人才还是较为匮乏。在部分企业中，财务管理人员学历低、专业水平不够，或者缺乏信息化管理能力，不能满足现代化企业对信息管理的需求。企业在财务管理方面应该扩充专业人才，提高财务人员的信息化管理能力，加快企业信息化管理建设。

5.企业管理人员认识不到位

在企业中建立一个完善的信息化管理系统工程量较大、涉及面较广，其中包括企业管理的生产组织形式、资金运作方式、企业管理模式、管理理念等内容。建立信息化管理系统的工程量较大，在很多方面均有涉及，必须引起企业管理者的重视，还要有相关管理人员的工作配合，这样才能建立完善的信息化管理系统。如果企业管理人员缺乏创新精神，没有充分认识企业管理信息化建设的核心任务，就会对企业财务管理信息化建设造成影响，导致企业发展受到限制。

（二）导致企业财务管理信息化建设存在问题的原因

企业财务管理信息化建设存在上述问题的原因是多方面的，既有主观因素也有客观因素。

1.消极地保证安全，导致资源闲置浪费

安全问题制约了财务管理信息化的发展，网上泄密、窃取、篡改事件在一些企业时有发生。有的企业因为担心网上业务处理有风险，而拒绝企业财务管理信息化建设，仍选择面对面听汇报和纸质化办公，久而久之，信息化网络建设就成了摆设。虽然采取行之有效的安全防范措施是必要的，但一些企业和部门除了"封、堵、停"之外，就再也拿不出更好的办法，对于本来可以用来办公的网络系统，只求达到安全标准，不求发挥工作效能，最终影响了会计人员使用网络的积极性。

2. 管理软件发展滞后，难以满足财务管理工作的需求

虽然国内部分软件公司对个别行业的企业管理功能的开发已有一定基础，但尚无法满足大型企业集团实现财务集中管理的需要。企业要建立行之有效的财务管理信息化系统，必须开发出融入企业文化和管理理念的统一财务管理软件。目前，我国多数企业缺少可以开发适合本企业财务管理所需要的统一软件的专门技术人才。管理软件发展滞后，不能满足财务管理工作的需要，长此以往，会计人员必然会对其失去兴趣。

3. 使用技能低，导致运行与安全难以保障

财务管理信息化是财务管理的一个新领域，它要求会计人员既要熟悉会计知识，又要熟悉网络知识。目前，我国会计人员所掌握的网络知识还比较少，不少会计人员虽然掌握了一些计算机操作知识，但都比较基础，网络运用仍然处于较低层次。这种状况使网络的安全运行难以保障，一旦系统被非法侵入和破坏，轻则不能正常工作甚至瘫痪，重则泄露机密，给国家和企业带来无法估量的损失。

4. 权责不明晰，导致维护管理出现真空

企业财务管理信息化系统的管理由多方负责，但各方只管检查指导，不管运行维护，使网络维护管理工作举步维艰。由于财务管理信息化系统的建设只有资金投入，没有经济效益，如软件的开发、硬件的更新、机房、线路的维护等，都需要大量的资金投入，但由于权责不清晰，经费常常得不到保障，制约了财务管理信息化系统的应用和发展。

（三）加强企业财务管理信息化建设的主要对策

1. 统一领导，明确各级部门及人员的职责

网络建设是财务管理信息化发展的重要基础。企业各级管理人员要深刻认识到充分运用信息网络对提高财务管理效能、办公效率的重要意义，自觉地做好财务管理信息化网络建设工作。

（1）要加强组织领导

企业应自上而下成立统领全局的财务管理信息化项目建设领导小组，把财务管理信息化建设纳入企业管理信息化整体建设之中，切实加强组织领导和强化监督检查。在摸清现状的基础上，紧贴财务管理工作任务，制定本企业的财务管理信息化建设规划。

（2）要分工协作

明确财务管理信息化网络设施和应用系统的建设、管理、使用、安全防护、使用需求、业务信息资源开发及综合处理等工作，从而分清财务管理信息化系统的建、管、用的职责和任务，避免出现政出多门、盲目建设、重复开发或互相推诿的现象。

（3）要归口管理

企业各级信息化工作主管部门是信息化网络建设和运行的归口业务管理部门，主要负责信息化网络建设的投入、组织和协调，具体包括网络设计、功能开发和技术保障等。

各企业要根据统一分配的网络资源，在网络建设和运行总体规划的指导下，依据技术标准规范使用和运行各自的业务分系统。

2.整体设计，提高财务管理信息化系统建设的起点和质量

财务管理信息化系统应通过设计上的高起点，确保建设和运行的高质量。

（1）整体设计网络体系

企业信息化主管部门应依据各业务领域对信息资源及信息网络的需求情况，构建和完善以综合信息网为主干、以电视系统和数字档案信息系统等为补充的信息网络基本体系结构，达到设备兼容、结构合理、功能完备、协调配套，稳定可靠、安全保密的建设目标。该网络体系具备网上办公和管理、动态图像传输及数据信息储存、查询、快速检索、分级访问等综合功能。

（2）整体设计主要硬件结构

各级信息化网络的硬件建设既要统一技术体制和标准，又要结合本企业的实际情况，以此确定分系统结构层次。企业要做好各类网络设备、各节点终端功能的整合，既要考虑兼容性，又不能过分追求技术先进。服务器应采取模块化设计，避免数据中心网络拥挤；监控系统、电话咨询系统硬件与信息网络硬件一体设计，避免重复建设。

（3）整体设计、开发通用的应用软件

上下级部门要根据自身网络的特性，统一安装相同的操作系统软件，从而杜绝一体化程度低、互联互通及操作性差的问题。

（4）整体设计网络的升级改造方案

各级财务部门要加强横向沟通，及时掌握信息化网络建设与应用发展动态。对网络升级和改造等重大问题，要科学论证、优化设计方案，经本级信息化建设领导小组研究同意，报上级业务主管部门，上级业务主管部门批准后方可实施，以确保各企业网络的互联互通与协调发展。

3.完善机制，确保财务管理信息化系统稳定和安全地运行

健全建设机制和完善运行管理机制，是财务管理信息化系统得以正常运行和不断发展的有效保证。

（1）要完善建设发展机制

针对已建成的财务管理信息化系统，要准确地找到现有功能与需求的差距，着眼于发展，按照统一的装备、技术和软件体制进行改造升级；对于新建的财务管理信息化系统，则要加强对网络基础建设、网络信息系统建设和应用软件系统建设的统一规划，严格执行国家标准，规范立项审查制度，严格按照网络建设规划和技术标准组织实施。

（2）要完善安全防范机制

要加强对计算机终端用户的安全管理工作，上网终端要统一安装防病毒软件，定期组织更新和升级；要加强网络安全技术检测，及时侦测信息化网络系统的安全漏洞；要实时监测网络用户的违规行为。

（3）要完善维护管理机制

要解决网络维护费用不足的问题，确保网络中心、线路及系统设备得到及时的维护和更新，保证网络系统正常运行；采取信息业务对口维护的方法，由主管部门负责信息数据的录入、备份、恢复等工作，以保证各种信息数据的准确、完整和及时更新。

4.强化管理，提升财务管理信息化系统应用的功能和水平

财务管理信息化系统建设的最终目的是应用，只有不断扩大实际应用范围，财务管理信息化系统才能不断地发展和完善。企业财务管理信息化会影响整个企业经营管理模式的变革，它把信息技术与财务管理相结合，利用先进的技术不断提高管理水平，实现了财务与业务一体化。这种情况对财务管理人员的素质和技能提出了较高要求：财务管理人员不仅要懂财务，还要懂业务。同样，财务管理信息化对非财务人员也提出了较高的要求：他们必须掌握一定的财务管理知识，甚至要改变日常工作管理方式。企业在系统建设初期就要建立人员培训制度，并在系统建设的全过程中贯彻落实，以提高会计人员及其他员工的相关业务素质，从而增强非财务人员的财务管理知识和会计人员掌握网络知识，提高会计人员学好、用好财务管理信息化系统的自觉性。

只有通过不断摸索并掌握财务管理信息化系统的组织运用规律，及时发现网络运行中的问题，适时组织系统升级，完善配套建设，不断发展和完善网络系统功能，才能使财务管理信息化系统最大限度地发挥使用效能和应用效益。

四、我国企业财务管理信息化协同模式建设

互联网科技的飞速发展促进了电商行业的迅速崛起，为了适应在该电子经济背景下的经济发展常态，企业做出了大胆的尝试，即建设财务管理信息化。财务管理信息化的目标是在企业的财务管理制度下，将企业的业务经营和财务管理有机地统一在网络信息平台上，逐步实现财务信息的高度共享和传输。这样的尝试在很大程度上提升了企业的财务管理效率，节省企业的人力资源成本预算，最终实现信息共享、物流共用、业务统筹和资金活跃的高效整合及信息资源共享的目的。

（一）认识企业财务管理信息化协同模式

企业财务管理信息化协同模式是一种全新的财务管理模式，以发达的网络技术为依托，对企业的财务状况进行高效管理，其目标是为企业提供及时、全面、规范的财务信息，让企业更好地领导、控制、管理和决策。企业内部的信息化管理系统与有业务往来的其他企业信息化管理系统，通过计算机或者网络平台提供的"云技术"完成高度共享、存储及信息处理等协同工作。这可以帮助企业加快财务信息管理的协同化进程，为企业管理者提供及时、准确、全面的财务信息，以保证企业在财务管理和生产经营方面能够有效交流和正常发展。

在当今经济飞速发展的大背景下，财务管理信息模式已经为诸多企业提出了全新的解决思路，同时也为不同企业的交流搭建了一个高效的平台。

企业财务管理信息化协同模式不仅可以促进企业对自身财务信息的精准掌握，更有利于现代企业提高经营管理水平，为企业能够在将来激烈的市场竞争中脱颖而出奠定良好的实践基础。

（二）我国企业财务管理信息化协同模式发展的瓶颈

信息化不仅为我国的经济发展提供了新的发展机遇，还给我国企业的财务管理及安全管理提出了更加严峻的考验。互联网背景下的经济发展，由于其自身具有高度共享性，电子商务在具体的应用中还有很多方面亟待完善。在不太成熟的信息化市场经济背景下，我国企业信息化建设只有投入足够的人力、物力和财力，才能够确保其平稳过渡到正常发展的平台，并且逐渐建立起适合自身发展的企业财务管理信息化协同模式。各企

业财务管理依据自身在信息化方面的差异性，及时做到"查漏补缺"，积极完善企业财务管理体系建设。当前，我国企业财务管理信息化建设主要存在以下几方面的问题：

第一，我国企业财务管理信息化协同模式在推进财务管理信息化过程中存在较多的失真现象。目前，我国在信息化经济方面的相关规章制度还不够完善，还不能做到面面俱到。一些企业为了降低自身的经营成本而投机取巧，还有一些企业为了自身的利益采取不正当的竞争方式，导致不同部门之间的会计核算信息存在较大的误差，不能够体现企业财务信息的真实情况。

第二，企业在自身发展的过程中没有与外部进行有效的交流和互动。一些企业在日常工作中，只注重企业内部的信息交流与核对，而忽视了与企业外部的信息交换与传递。

信息化背景下，企业不仅要加强自身的财务管理能力，还需要打通与外界传递和共享信息的渠道。这种内外兼顾的企业财务管理信息化协同模式可以帮助企业获得及时、有效的运营信息，规避发展过程中的风险。

第三，个别企业不能适应信息化时代带来的财务信息化管理模式，所以没有建立企业财务管理信息化协同发展模式。在信息化共享的进程中，不仅需要企业财务管理信息化实时经营数据，还需要集中处理企业在实际经营中的大量财务管理事项。

（三）我国企业财务管理信息化协同模式的发展结构设想

我国企业在建设现代财务管理信息化协同模式时，要以建立合理的财务管理机制为前提，以实现高效管理及与外部进行良好沟通的网络技术为保障，逐步建立符合现代企业经营管理的财务管理信息化协同模式。我国企业要实现财务管理信息化协同模式，需要从以下几个方面来实现：

1.积极树立企业财务管理信息化协同模式的发展目标

企业需要积极树立自身财务管理信息化协同模式的发展目标，即企业在对自身的经营、财务管理等发展状况有了全方位、科学的把控后，根据企业未来发展的具体预期，制定企业在生产经营方面需要实现的目标。不同企业有着不同的规模和业务范围，财务管理的工作也不同，这就要求财务管理不能在具体的实践过程中对企业设立统一的标准，而要在企业的发展过程中及时纠正发展偏差，不断更新发展目标。

2.完善企业财务管理信息化协同模式的配套机制

企业要想发展财务管理信息化协同模式，不仅需要建立信息化协同模式，还需要通过建立相关配套机制与之互补。在现代企业财务管理基本架构初步实现后，企业可以通过制定规范、标准的业务流程和相关数据的安全要求等方式，对财务管理信息化协同模式及其配套机制进行进一步的规范管理。

3.对企业财务管理信息化协同模式进行科学把控

财务信息资源规划要求企业对自己需要的关于财务信息化管理的信息资源，在收集、筛选处理、传递、共享和决策的过程中进行整体规划。一方面，有助于企业各部门之间、企业之间、企业和社会、政府之间及时传递和共享财务信息；另一方面，保证企业与外部实现信息互通有无，有助于对财务的信息化管理。只有对企业内部和外部的财务管理信息化协同模式进行科学把控，才能让企业获得长足发展。

综上所述，在互联网科技飞速发展的背景下，我国社会主义市场经济正在迈入全新的发展阶段。因此，新的经济社会发展形势也为我国的企业发展提出了更加严格的要求。

为了应对信息化时代的全面到来，企业的信息化建设，尤其是在财务管理中实现信息化协同模式已经成为企业发展过程中主要面临的任务和挑战。企业在财务管理信息化协同模式下，通过搭建网络平台来实现对财务管理信息和数据的收集与处理。与传统的企业财务管理模式不同，这种全新的财务管理信息化协同模式大大提高了企业在财务管理方面的效率，节省了人力资源的发展成本，保证企业财务管理部门运转顺畅，提高了财务管理人员的工作效率和企业财务管理的规模效益。随着经济的进一步发展，我国企业财务管理信息化协同模式也会逐渐推广开来，实现规模化经营。

第三节 财务会计信息化工作的组织规划与运行系统

会计信息化是会计工作的发展方向。实施会计信息化是促进企事业单位会计基础工作规范化、提高经济效益的重要手段和有效措施，是企事业单位建立现代企业管理制度和提高会计工作质量的一项重要工作。

会计信息化是一项系统工程，涉及企事业单位内部的各个方面。一方面，各企事业单位负责人或总会计师应当亲自组织、领导会计信息化工作，主持拟定本企业或单位会计信息化工作规划，并协调单位内部各部门间的关系，共同做好会计信息化工作；另一方面，各企业或单位的财务会计部门是会计信息化工作的主要承担者，应该在企业或单位各部门的配合下，负责和承担会计信息化的具体组织与实施工作，负责提出实现本企业或单位会计信息化的具体方案。

与传统的手工会计信息处理不同，会计信息系统不仅包含原手工会计处理的一些操作手段和工作过程，还涉及电子计算机系统的应用与维护。因此，会计信息系统的组织除了要建立进行一般会计处理的机构，还要组织技术力量对计算机系统进行管理和维护。

一、电子计算机系统和会计软件的配置

电子计算机系统和会计软件是实现会计信息化的重要物质基础。与本企业会计信息化工作规划相适应的计算机种类、机型和系统软件，以及有关配套设备，是会计信息化工作顺利实施的基本保证。

具备一定硬件基础和技术力量的单位，可以充分利用现有的计算机设备建立计算机网络，以实现信息资源共享和会计数据的实时处理。由于财务会计部门处理的数据量大，对数据结构和处理方法要求严格，对系统安全性要求高，所以各单位用于会计信息化工作的电子计算机设备应由财务会计部门管理。若硬件设备较多，应给财务会计部门设立单独的计算机室。

配备会计应用软件是会计信息化的基础工作，会计应用软件的优劣对会计信息化工作的成败起着关键性作用。配备的会计应用软件，主要有通用会计软件、定点开发会计软件，或者通用会计软件与定点开发会计软件相结合。

各单位在开展会计信息化工作的初期应尽量选择通用会计软件。通用会计软件投资少、见效快，在软件开发或者技术服务单位的协助下易于成功。各单位选择通用会计软件时应注意软件的合法性、安全性、正确性和可扩充性，确认软件的功能是否可以满足本单位会计工作的需要，并考虑到今后工作发展的要求。

定点开发会计软件有本单位自行开发、委托其他单位开发和联合开发等形式。对会计业务有特殊要求的单位，在取得一定的会计信息化工作经验以后，可以根据现实工作的需要，以定点开发的形式开发会计软件，也可选择用于大中型企事业单位和集团公司

的集成化商品会计软件。

若通用会计软件不能完全满足本单位的特殊要求，相关单位就可采取通用会计软件与定点开发会计软件相结合的方式开发会计软件，但在应用过程中要对通用会计软件进行二次开发，以确保投资的效率和会计数据资源可以充分利用。

二、计算机处理财务数据

计算机代替手工记账是会计电算化的阶段性目标。采用电子计算机代替手工记账，是指应用会计核算软件输入会计数据，由电子计算机对数据进行处理，并打印输出会计账簿和报表。用会计信息系统代替手工记账的单位应满足三个条件，即配备了实用的会计软件和相应的计算机硬件设备、配备了相应的会计信息化工作人员、建立了严格的内部管理制度。

代替手工记账的过程是会计工作从手工核算向电算化核算的过渡阶段。由于计算机系统与手工记账并行工作，会计人员的工作强度较大，所以相关单位必须重视用会计信息系统代替手工记账的工作。会计信息系统代替手工记账失败的原因主要有数据准备不充分、会计工作人员技术准备与心理准备不足、单位领导缺乏现代管理意识等。系统转换一旦出现差错，就会对下一步的工作产生很大影响，甚至引起人们对会计信息化工作的怀疑。会计信息化工作与手工核算的业务内容基本相同，但存储在计算机系统内的会计数据的打印输出和保存是代替手工记账的重要工作。根据会计信息化的特点，相关单位在进行会计信息化时应注意以下几个问题：

第一，会计信息系统打印输出的书面会计凭证、账簿、报表应当符合国家统一会计制度的要求，采用中文或中外文对照。会计档案的保存期限按《会计档案管理办法》的规定执行。

第二，在当期所有记账凭证数据和明细分类账数据都保存在计算机内部的情况下，总分类账可以从这些数据中产生，因此当期总分类账可以用"总分类账户本期发生额及余额对照表"代替。

第三，受到打印机应用条件和使用形式的限制，现金日记账和银行存款日记账可将计算机打印输出的活页账的账页装订成册。一般账簿可以根据实际情况和工作需要按月、按季或按年打印。

第四，在保证记账凭证和账簿清晰的条件下，计算机打印输出的凭证、账簿中的表格线可适当减少。在用会计信息系统代替手工记账后，发生的会计业务应于当天登记入账，到期未及时结账的，打印输出会计报表。计算机中的凭证、账簿数据无论在什么时候都要如实地反映企事业单位的资金运转过程和财务状况。

信息化不同于电算化。电算化时代，信息技术是工具，是会计人员手脑功能的延伸；信息化时代，信息技术不仅是工具，更是企业经营管理的环境，是企业组织会计工作应当考虑的众多因素之一。会计信息化工作对会计人员的职能也提出了更高的要求，会计人员要能够灵活地运用计算机对数据进行综合分析，定期或不定期地向单位领导报告主要财务指标和分析结果；单位领导也应通过会计信息系统提供的领导查询系统主动地获取财务数据。

三、会计信息系统硬件

硬件设备按类型可以分为计算机主机、计算机外围设备。

（一）计算机主机

按计算机的功能和性能划分，一般分为巨型机、大型机、中型机、小型机和微型计算机。其中，巨型机又称超级计算机，而微型计算机以其高性能和低价格的优势迅速占领了市场。单纯从设备的计算能力来区别各类计算机，已难以划分出明显的界线。下文结合会计信息化的应用，从超级计算机、网络服务器、微型计算机和计算机交互式终端等方面来阐述。

1.超级计算机

超级计算机是计算机中功能最强、运算速度最快、存储容量最大的一类计算机，通常是指由数百、数千，甚至更多的处理器（机）组成的计算机，多用于国家高科技领域和尖端技术研究，是国家科技发展水平和综合国力的重要体现。

作为高科技发展的要素，超级计算机早已成为世界各国在经济和国防方面的竞争利器。超级计算机是一个国家科研实力的体现，对国家安全、经济和社会发展具有举足轻重的意义。我国超级计算机的研究及其应用为我国走科技强国之路提供了坚实的基础和保证。

某些对计算机能力要求极高的应用领域，如天气预报、卫星导航等，都离不开超级计算机。在会计信息化领域中，某些金融数据处理中心，例如金融信息中心、证券服务、集团公司中央处理系统等，难以通过小规模的计算机系统顺利进行工作，这时就需要有功能强大的超级计算机或大型计算机系统。但这类计算机价格昂贵，不适合计算机的普及应用。

2.网络服务器

目前，几乎所有的计算机主机设备厂商都生产网络服务器。网络服务器用于计算机网络的管理、计算和共享数据等方面。以前，所有的服务器都是通用的，用户主要依据处理器的处理能力、存储容量的大小等硬性指标来选择服务器。随着计算机网络的发展，服务器的网络应用逐渐多样化，如文件服务器、电子邮件服务器、网站服务器、磁盘服务器、打印服务器、应用程序服务器、文件传输协议服务器、数据库服务器等。网络应用的细分使人们对服务器性能的要求更高。服务器的不同应用要求促进了专用服务器的出现和发展，专用服务器产品也随之出现。这是计算机时代产品和技术发展的必然趋势，是网络应用向更深层进步的特征。

3.微型计算机

微型计算机是计算机技术在发展过程中献给人们最好的礼物，因为它具有体积小、价格低、计算能力强等优点，所以被大量引入办公室和家庭。从世界各国的发展情况来看，微型计算机已成为计算机数据处理的主力军。在会计信息系统中，常用的计算机类型就是微型计算机。

微型计算机技术发展极其迅速，其所用的微处理器主频已经从 4.77MHz 提升到 4GHz 以上，提高了 800 余倍。同时，单枚中央处理器的处理单元朝着双核、四核、六核等多核心发展。实际上，一般用户对微型计算机性能的要求并不是很高，当前计算机市场性价比最高的主流配置，即可满足需要。随着对工作环境要求的提高，企业在选择计算机相关产品时，侧重点会从设备的技术性能转移到产品的个性化设计上，如大面积的液晶或投影显示屏等，以此提高会计信息化的工作效率。

4.计算机交互式终端

事实上，计算机终端并不是计算机主机，终端是指计算机的交互式操作终端设备。同使用微型计算机一样，用户主要借助鼠标、键盘等进行操作。相对于传统的个人电脑，会计核算软件只需在服务器上安装一次就可以在众多终端上并发执行，且运行速度快、安全性好、硬件不用升级、软件升级简单。这种工作方式能有效地解决会计信息系统升级、维护，以及计算机病毒等问题，非常适合企业系统的集中计算、集中升级、集中管理的工作模式。

虽然交互式终端具有以上优点，但不太适合在较分散的地域上工作。同时，若终端产品产量不大，各厂商的产品硬件不能通用，势必会出现维修费用过高的问题。并且生产厂家一旦转产或消失，配件将无法得到有效供应，损失就会较大。

（二）计算机外围设备

计算机外围设备有很多种类型，并且随着计算机与网络技术的发展不断地涌现，其主要可分为输入设备、输出设备、数据存储设备、计算机网络设备四类。

1.输入设备

在会计信息系统中，人们通常利用键盘和鼠标进行数据输入。随着多媒体技术的发展，许多输入设备都可以用在会计数据的输入工作中。手写、语音和图像输入设备的出现，使会计信息系统能够处理更加丰富的内容。

手写笔对中文文字的输入有着特殊的意义，人们可以通过手写笔直接将文字信息输入计算机内。在会计信息系统中，摘要和备注的输入与中文信息关系最密切。一般商品化会计核算软件允许预先编辑并存储这类信息，以备输入时选用。手写笔可以作为文字输入的一种补充手段。

语音输入是已经发展起来并日趋成熟的一种输入方式，其输入设备是麦克风和语音处理设备（声卡）。在会计信息系统中，可以利用语音输入设备向计算机输入会计信息，以提高数据输入的效率，减轻输入工作的强度和单调性。语音输入方式与其他输入方式配合使用，有助于提高输入效率。

过去在商品化会计核算软件中，对图像的处理还比较少见。一方面，图像处理对计算机的计算能力和图像处理能力有一定的要求；另一方面，图像数据的处理和存储需要较大的存储空间。然而，以现在的微型计算机的性能与配置，应对这些问题已经轻而易举。在会计信息系统中，可以利用图形输入设备输入并保存大量的原始凭证信息，完成这一工作的设备便是图像扫描仪。在会计核算过程中，人们可以将各类原始凭证的"复印件"输入计算机。例如，某银行利用扫描仪将来自各支行的会计凭证、储蓄凭证、国际业务凭证、信用卡凭证等输入计算机，从而提高了凭证档案管理的效率，缩短了客户服务的响应时间，大大降低了手工管理的劳动强度和费用。另外，扫描仪还可以用于对关键票证的鉴别与验证。例如，自动搜索客户预留存根，并核对客户所持支票的印鉴。据了解，某网络科技公司的支票管理与防伪系统的假印识别率接近100%，真印通过率可达95%。

数码相机也是一种常用的图像输入设备。银行系统的储蓄与对公业务可以启用视频监视系统来保留业务操作过程；会计信息系统也可以用数码相机记录会计业务交易活动现场，并随着原始凭证一起保存，作为日后备查的线索。至于由此引出的人物肖像权问题，可根据有关法律法规，比照银行摄像系统处置。

2.输出设备

由于会计工作的特殊性，会计业务的输出内容具有很强的规范性。因此，在会计信息系统中，输出资料以硬拷贝为主，而且这些凭证、账表还需要会计人员签名盖章，否则这些输出不具有法律效力，只能当作副本参阅。打印机扮演着会计信息系统输出设备的主角。打印机可分为针式打印机、喷墨打印机、固体喷蜡打印机、激光打印机等。

（1）针式打印机

针式打印机的缺点是难以提高打印速度、工作噪声大。但是在财务会计系统中，在票据的输出方面，针式打印机具有其他类型的打印机不可替代的特性：针式打印机可以自由地控制走纸范围和精度，可以适应不同尺寸票据输出的需要；针式打印机支持多层打印，对于多联形式的票据，如发票等，一次即可打印完成；针式打印机的购置价格和使用成本较低，耗材补充适应性强。

（2）喷墨打印机

喷墨打印机的使用成本是各类打印机中最高的，但是在图像输出，特别是彩色图像输出方面，有着较大的优势。在对原始凭证的电子化管理中，喷墨打印机是不可或缺的设备。

（3）固体喷蜡打印机

固体喷蜡打印机的工作原理是对青、品红、黄、黑四色固体蜡做两次相变。固体蜡原本附着在打印机的鼓上，打印时进行第一次相变，熔化成液体并喷到打印介质上，然后立刻被重新固化，即第二次相变。在打印介质上形成图像之后，经过两个滚筒的挤压，介质表面变得非常光滑。固体喷蜡式打印机打印出的图像效果虽然稍逊于热升华打印机，但是其色彩极为艳丽鲜亮，对打印介质要求也不严，彩色打印速度要比热升华打印机快得多。

（4）激光打印机

激光打印机的输出速度较快，打印质量也非常好，特别适合输出大量的文字资料和黑白图像资料。使用彩色激光打印机也可以输出彩色图像，但设备价格和维护费用比较高。激光打印机可用于会计信息系统中的报表、账簿等财务报告资料的输出。

显示屏幕和语音输出设备可用于会计核算数据查询和分析数据的输出。例如，账表查询、数据统计等操作。

3.数据存储设备

计算机数据存储设备的发展与计算机技术的发展相似。目前，计算机内的主要存储设备是磁盘。磁盘存储容量大、存取速度快，并且价格便宜。

便携式硬盘、闪存盘、存储卡等即插即用的存储设备早已取代了软盘设备。U 盘的全称是 USB 闪存驱动器（USB flash disk），它是一种使用 USB 接口的无须物理驱动器的微型高容量移动存储产品，通过 USB 接口与电脑连接实现即插即用。广义上的 U 盘就是指移动存储设备，而狭义上的 U 盘仅仅指闪存盘。U 盘的特点是小巧、存储容量大、价格便宜。目前，U 盘容量有 1GB、2GB、4GB、8GB、16GB、32GB、64GB、128GB、256GB、512GB、1TB 等。以常见的 128GB 的 U 盘为例，其价格仅几十元。U 盘携带方便，可以把它挂在胸前、吊在钥匙串上、放进钱包里。

会计信息系统对数据的安全要求很高，不仅要求数据存储设备支持信息化系统的会计业务工作，还要求对会计核算的数据进行备份。除了磁盘外，存储设备还有传统的磁带驱动器（以下简称"磁带"）和可刻录光盘驱动器。

与磁盘相比，磁带在进行数据备份时，具有不可代替的地位，具体如下：

第一，磁带的存储密度较高。

第二，磁带记录数据的可靠性强，不会因外界的物理冲击而丢失数据。

第三，磁带的单卷存储容量与磁盘相当。

磁带作为对会计核算数据进行备份的介质有其独特的好处，但其缺点是存取速度较磁盘稍低，目前这种情形正有所改善。

可刻录光盘驱动器的推出是引人瞩目的，与其他存储设备相比，它有不少优点，具体如下：

第一，数据存储量大。一张 CD-ROM（compact disk read-only memory，只读光盘）盘片可存放超过 600MB 的数据，为软件、音频和视频数据等大容量文件的存放提供了便利。使用多阶光盘刻录机可以在普通 CD-R（compact disk-recordable，可录光盘）盘片上记录 2GB 的数据，或录下 3 个小时的电影节目。

第二，存取速度快。

第三，CD-RW（compact disk rewritable，可擦写光盘）盘片上的数据可随机读写，与磁盘类似，操作极为方便。

第四，CD-R 盘片、CD-RW 盘片等，均能与 CD（compact disk，光盘）设备、DVD（digital video disk，数字化视频光盘）设备兼容。

第五，数据存储保存时间长，可达数十年。

在会计信息系统中，使用可刻录光盘驱动器存储数据，配合图像编辑手段，可以实现存放和实时处理大量的原始凭证。

4.计算机网络设备

在大型企业中，会计信息系统需要在计算机网络环境下工作，以充分发挥其功能。这样不仅易于会计业务的分布式运行，还能与企业的其他信息处理子系统便利地交换数据。通过通信网络的物理连接，会计信息系统的各个工作站点不仅可以互相联络，还可以共享数据，并接受其他服务。

四、会计信息系统软件平台

要支撑会计信息系统的运行，就必须为其构建一个良好的软件工作平台。会计信息系统必须在系统软件，以及有关的数据处理和维护软件的支持下工作。

（一）系统软件

计算机系统软件主要指计算机操作系统。操作系统的功能是有效地管理计算机的硬件与软件资源，并为用户提供一个友好的操作界面。除了某些特别的计算机系统，常用的微型计算机操作系统有 Unix 操作系统、Windows 操作系统和 Linux 操作系统。

1.Unix 操作系统

Unix 操作系统是一个交互式的多用户分时操作系统，自 1969 年问世以来，发展十分迅速。1973 年，人们把 Unix 操作系统的内核用 C 语言重新编写，使得 Unix 操作系统具备了可移植的条件。之后，大量的使用者和公司竞相开发和扩充 Unix 操作系统的功能，使其性能越来越强，可以运行的实用程序也越来越丰富。目前，Unix 操作系统可以应用到各类计算机、工作站和服务器上。

Unix 操作系统具有良好的稳定性和安全性。例如，SCO Unix 操作系统为用户提供了四个安全级别，分别是 Low 级、Traditional 级、Improved 级和 High 级，其中 Improved 级达到了美国国防部的 C1 级安全标准，High 级则高于 C2 级。Unix 操作系统作为一个成熟的网络操作系统，已广泛地应用在金融、保险、邮电等行业，会计核算软件可以选用 Unix 操作系统为平台。

2. Windows 操作系统

20 世纪 80 年代初，国际商业机器公司推出了第一台真正意义上的个人电脑，并推出了 MS-DOS1.0 操作系统。由此，微软公司成了微型计算机操作系统的霸主，随之推出的 Windows 操作系统也几乎成了微型计算机操作系统的代名词。在我国，几乎所有的商品化会计核算及管理软件开发商在 Windows 操作系统问世以后，都将财务会计软件从磁盘操作系统平台转移到 Windows 平台。

3. Linux 操作系统

Linux 一般指 GNU / Linux（单独的 Linux 内核并不可直接使用，一般搭配 GNU 套件，故得此称呼），是一种免费使用和自由传播的类 Unix 操作系统。Linux 操作系统是一个基于可移植操作系统接口和 Unix 操作系统的多用户、多任务、支持多线程的操作系统。Linux 操作系统的问世，源于林纳斯·本纳第克特·托瓦兹"将 Unix 操作系统移植到英特尔（Intel）处理器架构的计算机上"的构想。Linux 操作系统能运行 Unix 操作系统主要的工具软件、应用程序，而且模块化的结构设计也使 Linux 操作系统具有良好的扩充性。同时，Linux 操作系统是一个免费软件，任何人都可以通过互联网免费获取。

Linux 操作系统对 Windows 操作系统造成了冲击，Linux 操作系统在可扩展性、互操作性、易管理性和网络功能等方面都优于 Windows NT 操作系统。随着 Linux 操作系统的发展，许多软件商和硬件商都宣布支持 Linux 操作系统，并纷纷开发 Linux 平台的软件和硬件，使得 Linux 操作系统逐渐成为主要的操作系统平台，在政府、商务、教育等领域得到了广泛应用，用户队伍逐渐壮大。目前，我国的会计核算软件开发商在推出 Windows 平台上的财务软件的同时，也在尝试开发 Linux 平台上的会计核算软件。

（二）实用软件

会计信息系统除了要求在操作系统平台的支撑下运行外，还需要其他软件的支持，包括文件与数据管理软件、文字处理软件、图形图像处理软件、声音和语音处理软件、防病毒/防火墙软件、计算机语言编译与集成开发环境软件等。这些软件被称为实用软件，可分为四类，即数据管理与维护软件、图文（多媒体）编辑软件、系统开发工具和系统安全与防护软件。

1.数据管理与维护软件

会计信息系统产生的各类数据均存放在计算机系统的存储器中，一般的数据处理，如数据的备份与恢复等功能都集中在会计核算软件。但若要对系统内的数据进行维护，还需要用专门的数据管理软件，如在会计核算数据的存储格式受到损伤时进行修补、对存储空间的文件进行整理等。数据管理方面的实用程序一般都由所安装的操作系统提供。

2.图文（多媒体）编辑软件

会计信息系统在工作期间可能需要对某些财务报告文件进行编辑，编辑多媒体文件时要用对应的编辑软件。如在会计核算的账务处理过程中，不仅要对原来的文字进行输入与输出，还需要完成原始凭证的输入、输出及语音处理等。相关企业可将对应的编辑软件嵌入会计核算软件系统中。

3.系统开发工具

系统开发工具常用于修补会计信息系统中的功能程序，或者增加其中的某些功能。若会计信息系统不能满足当前需要，那么在技术条件允许的情况下，相关企业可以二次开发系统。选用的系统开发工具最好与原来开发会计核算软件的工具相同，或使用版本更高的工具。微软在其系统开发环境中推出了C#，用以代替C++，并向Java等系统开发语言发起了挑战。

4.系统安全与防护软件

目前，系统受到的安全威胁主要来自计算机病毒，以及计算机网络中的人为攻击，其中，计算机网络中的人为攻击的情况更为复杂。会计信息系统的管理员应该及时发现问题并做出有效处理，使用系统安全与防护软件，实现规范的计算机安全管理。

（三）数据库管理系统

可用于开发会计信息系统的数据库管理系统有很多。过去，由于性能的局限，微型计算机只能使用一些小型的数据库系统，如dBASE数据库、FoxBASE数据库、FoxPro

数据库、Access 数据库等。现在，许多大型的数据库管理系统都能在微型计算机及其网络系统中运行，如 Sybase 数据库、Oracle 数据库、lnformix 数据库和 Microsoft SQL Server 数据库等。

（四）计算机网络与通信软件

多数会计信息系统都需要通过局域网来工作，尤其大规模的集团公司，其工作范围更要突破地域限制。因此，局域网与互联网的连接，是目前网络计算的需要。计算机网络的组织方案有很多种，都需要配置相应的软件。为了使组网更方便、更灵活、更便于发挥会计信息化的作用，目前有两种应用广泛的技术，一种是无线局域网，另一种是蓝牙技术。

1.无线局域网

无线局域网是当前相当便利的数据传输系统，可以极大地提高经济效益。无线局域网可以采用网桥连接、基站接入等不同的网络结构。无线局域网的接入可以解决在一定范围内企业各建筑物间的网络通信问题，减少网络对布线的需要及其相关开支，还可以提供灵活性更高、移动性更强的信息通道。

2.蓝牙技术

1998 年 5 月，由东芝、爱立信、国际商业机器公司、英特尔和诺基亚五家公司共同提出了近距离无线数字通信的技术标准，该标准为蓝牙技术的产生奠定了基础。蓝牙技术是通过无线电通信技术，在一个有限范围内建立网络互联的手段。

由于发射功率较小，蓝牙技术不会对其他区域的网络通信产生干扰。蓝牙技术的有效传输距离一般为 10cm～10m，增加发射功率可达 100m，甚至更远；收发器工作频率为 2.45GHz。蓝牙技术的优点如下：

第一，支持语音和数据传输。

第二，可穿透不同物质，并在物质间扩散。

第三，抗干扰性强、不易窃听。

第四，不受频谱的限制，功耗低、成本低。

在办公室或有效通信范围内通过蓝牙技术组网，可以免除会计信息系统布线工作，人们能在有效范围内自由移动。

第四节 财务会计管理信息化实践中的业务流程重组

一、流程重组理论

工业时代的典型特点是将企业的岗位分工细化，而信息网络时代则要求不断地综合和集成过细的分工。例如，信息技术的发展促进了计算机集成制造，而计算机集成制造不仅使企业生产领域的分工失去了严格的界限，还使管理领域的分工变得模糊不清。因此，信息网络时代的企业组织管理架构正在朝着一个与工业社会相反的方向发展。

由此可见，虽然信息技术的使用没有让个体失去个性化的特点，但个性化的特点只能借助整个系统的协调体现。计算机集成制造不仅是一个自动化的概念，它对企业商业活动的组织、职能机构的设置、各部门岗位人员的配置与职责分工都产生了深远的影响。没有适应高度信息化要求的革命性变革，就不可能赢得网络时代的竞争优势。

在这种形势下，西方国家提出了业务流程重组（也称业务流程再造）的管理策略，并将它引入企业管理领域。研究者认为，企业必须重组业务，用信息技术的力量重新设计业务流程，使企业组织在成本、质量、服务和速度等关键指标上取得显著的提高。业务流程重组作为管理思想，诞生于20世纪90年代。由于站在新的视角去审视企业，并采用充满挑战和机遇的信息技术，业务流程重组已成为企业管理过程中必须考虑的问题。业务流程重组是指基于信息技术，为更好地满足顾客需要，系统地改进企业流程的一种企业哲学。它突破了传统劳动分工理论的思想体系，强调用"流程导向"替代原有的"职能导向"的企业组织形式，为企业经营管理提出了全新的思路。

对于业务流程重组的定义，不同的学者有不同的理解，但对业务流程重组基本内涵的看法一致，即以作业为中心，摆脱传统组织分工理论的束缚，提倡顾客导向、组织变通、员工授权及正确地运用信息技术，达到适应快速变动环境的目的。其核心是"过程"观点和"再造"观点。"过程"观点，即集成从订单到交货或提供服务的一连串作业活动，使其建立在"超职能"基础上，跨越不同职能部门的分界线，以求重建管理作业过程；"再造"观点，即打破旧的管理规范，再造新的管理程序，目的是回归原点，从头开始，从而获取管理理论和管理方式的重大突破。

业务流程重组是对企业的现有流程做出调研分析、诊断、再设计，然后重新构建新流程的过程，它主要包括以下三个环节：

第一，业务流程分析与诊断。业务流程重组"描述"了企业现有的业务流程，分析其中存在的问题，并给予诊断。

第二，业务流程的再设计。针对前面分析诊断的结果，重新设计现有流程，使其趋于合理化。

第三，业务流程重组的实施。这一阶段是将重新设计的流程真正落实到企业的经营管理中。

二、传统财务流程的缺陷分析

面对信息技术和业务流程重组的挑战，以往的财务会计流程和传统的财务管理流程显然不能适应目前的实际情况。因此，深入分析传统财务会计业务流程的缺陷，对改革财务会计流程、财务管理流程，用流程再造的思想指导会计人员重塑并控制流程，具有重要的意义。

（一）财务流程基于落后的劳动分工思想

现有的财务流程是依据劳动分工思想建立的一种顺序化业务流程。当企业组织规模越来越大，业务越来越复杂时，为了有效地完成财务工作，企业按照劳动分工思想，将财务流程细分为财务会计流程和财务管理流程。其中，财务会计流程又分为原材料核算、工资核算、销售核算等相对独立的工作。当信息技术引入财务管理后，财务人员将信息技术应用到企业财务系统之中，但因为受到传统财务分工体系结构的束缚，财务人员并没有充分发挥信息技术的优势去重新设计财务流程，只是简单地模仿和照搬手工的流程，将一项项相对独立的工作搬到计算机中，并通过一个个相对独立的子系统（如存货核算子系统、工资核算子系统等）完成相应的工作。虽然这种"系统"将大量的会计人员从繁杂的劳动中解放出来，但是各个子系统仍然是彼此独立的信息孤岛，在根本上并没有改变传统的财务结构模式。

（二）传统财务会计流程难以满足信息时代管理的需要

在传统的会计体系结构中，财务会计仅采集企业业务流程的数据，而忽略了其中蕴含的大量管理信息。由于受到传统会计体系结构、思想和技术的制约，会计人员并不采集业务流程的全部数据，而是先判断哪些数据影响了企业的财务报表，然后采集其中符合会计定义的资金流信息。这样做导致同一经济业务活动的相关数据被分别保存在会计人员和业务人员手中，然后再在财务管理部门汇合。这种流程方式不仅使流程环节增加，还容易出现会计信息系统与其他系统数据不一致，以及信息重复存储的情况。传统会计流程下，财务管理者得到的信息种类受到限制，财务管理者不能从多层次、多角度获得企业的财务状况和经营成果。

（三）传统财务流程无法满足实时控制的需要

第一，任何企业的资金流都是伴随物流流动的，但传统财务会计流程反映出的资金流信息往往滞后于物流信息。

第二，财务管理流程中的控制功能往往都是事后控制，使得企业无法从效益的角度对生产经营活动进行实时控制。这是因为会计数据通常是在业务发生后采集，而不是在业务发生时实时采集。

第三，会计数据加工是将滞后采集的数据进行过账、汇总、对账等。

第四，财务报告不能直接使用，必须经过若干道环节加工。

第五，因为传统财务管理受到技术的限制和经济的约束，财务控制仅仅是事后控制。

在经济环境瞬息万变的今日，要想提高财务信息的有用性和控制力度，必须实现信息的实时性，但是传统财务流程的滞后性不能使财务管理者从中得到需要的信息，不能满足财务实时控制的需要。

三、应用流程再造重构财务流程的设想

传统的财务流程无法满足信息技术条件下财务管理的要求，企业应该根据业务流程再造的理论，仔细研究财务流程的具体内容和各个环节，从传统财务流程的缺陷出发，重构财务流程。

（一）打破传统财务会计流程

传统的财务会计流程，其入口往往是会计凭证。当一项经济业务发生时，财务人员要根据业务单据编制记账凭证，并将其录入系统中，这种事后算账的方式，不能充分发挥信息系统的优势，无法支持事前财务计划、事中财务控制、事后财务分析。所以，企业要打破传统财务会计流程，建立财务业务一体化信息处理流程。

1.对业务事件的处理

当业务事件发生时，各业务子系统按照业务规则处理的同时，还要按照财务信息的规则生成会计凭证，并将结果存放到数据库中。

2.财务报告

企业所有的业务人员都可以通过报告工具自动输出所需结果。比如，会计人员可以驱动报告工具，按照财务管理需要，自动生成不同类型的财务报告，以满足财务管理过程中各种不同决策所需要的信息。

这样的流程仅基于业务事件，而不是基于会计核算所需信息。新的流程可以根据财务管理的需要提供更完整、更有价值的信息，并将所有数据集成到一个数据库中，实时获取信息、实时处理信息、实时报告信息，做到所有数据出自一处，共同使用，各级管理者也可以实时、动态地获取信息，支持决策。

（二）将实时信息处理嵌入财务管理过程中

企业在执行业务活动时，将业务事件的相关信息输入财务管理信息系统、财务决策信息系统中，通过执行业务规则和信息处理规则，生成集成信息，实现集成化财务管理。财务人员也将改变原有的管理方式，把财务工作延伸至各个业务部门，直接关注实际业务过程，实现实时控制事中业务并处理风险。

（三）使财务人员从信息处理者转变为业务管理者

在信息技术的帮助下，财务人员从财务日常信息的处理中解脱出来，能够更好地关注企业的业务过程，实现管理的职责。过去，财务会计流程与业务流程相分离，而且只处理在业务过程中所发生事件的一个子集，但财务会计又是财务管理所需数据的重要提供者，这种状况会导致财务人员与业务管理人员脱节，无法发挥财务管理的管理职能。

若要解决业务问题，就要先了解企业的战略、业务过程、组织结构等多方面的情况。

当财务人员忙于处理，且仅能处理业务过程中所发生事件的"传统会计数据"时，无法获得其他信息，也就无法更好地参与财务决策，实现财务管理。因此，让财务人员参与、制定和实施整个业务处理的工作，按照模糊或跨越组织界限的方法再造流程，显得尤为迫切。

第五节 信息技术对会计管理和财务管理的影响

一、对会计管理的影响

行政事业单位传统的会计核算模式是分散式的，由各单位财务人员独立完成会计核算工作，按期向财政部门报送会计报表，这种模式与相关技术的发展水平相适应。随着现代信息技术的发展，近几年出现了一种新的会计管理模式——集中管理模式。

（一）会计集中管理模式

随着计算机通信技术的快速发展和在社会各领域的广泛应用，行政事业单位的财务管理受到了巨大的影响，促进了集中管理模式的实际应用。在会计管理领域，集中管理模式主要表现为虚拟型会计集中管理，即不成立专门的会计管理机构，而是通过集中管理各行政事业单位的财务数据，实现会计集中管理。计算机网络技术的引入，不仅使行政事业单位的会计核算实现了电算化，也使财务数据的管理形成两种新方式：一种是大集中的管理方式，另一种是分散集中的管理方式。

大集中的管理方式是将各单位的财务数据统一存放在一个指定的服务器上，各单位的会计凭证制作、会计账簿查询等操作，都是在同一个数据库服务器上完成的，所有的财务数据也都实时地存储在这个服务器上。

分散集中的管理方式是将各单位的财务数据先存放在服务器上，以日或周为单位，定期上报给上级主管部门，与主管部门的服务器内数据进行同步处理；主管部门汇总各单位相关的财务数据，从而实现对财务数据的查询、分析等功能。

（二）信息技术在会计集中管理模式中的作用

会计集中管理模式在手工操作阶段是无法实现的，只有信息技术不断发展和应用，集中管理才能得以实施，让海量财务数据的处理成为可能。因此，会计集中管理模式是以信息技术为支撑，随着信息技术的发展而不断改进完善的一种新管理模式。具体来说，信息技术在会计集中管理模式中的作用有以下几点：

1.有利于提升会计核算效率

计算机的发展和应用，提高了工作效率。网络技术的应用，使各行政事业单位内部、行政事业单位与上级主管部门之间的财务数据交换、比对等工作，可以快速地完成。

2.有利于行政管理的成本化

会计集中核算的模式对行政事业单位的财务支出方式产生了明显的遏制效果，降低了行政成本。财务人员通过计算机网络技术，可以随时监督各业务部门的日常活动，严格审核，切实做到了事前控制、事中监督。

3.有利于发挥会计监督职能

依托信息网络技术，行政事业单位的会计核算活动得到了有效控制，年度预算和财务会计制度也得以全面执行。实现账户集中管理后，分散在各行政事业单位的资金集中到一个基本户，其支出都通过这个基本户集中办理，会计凭证由专门的管理机构集中审核，在专门的管理机构监督下进行"阳光作业"。采取这种方式以后，各行政事业单位的财务纪律意识明显增强，超标准、超预算、随意性的支出明显减少，不合理开支被杜绝在萌芽状态。

4.有利于加强行政收费管理

各行政事业单位实施集中核算之后，采用统一的软件系统，对收费项目、收费程序都有严格的硬性规定，加强了财务监管，各行政事业单位的罚款、收费等收入直接进入财政专户，减少了各行政事业单位经手环节，从而达到了科学安排、统一调控、监督使用的目的。

5.加强会计核算手段

传统的财务预测、决策、控制和分析工作受手工计算的限制，只能采用简单的数学计算方法。在信息化环境下，更多更先进的方法被引入会计核算活动中，如运筹学方法、多元统计学方法、计量经济学方法等，甚至还有图论、人工智能的一些方法也被广泛使用。在传统的会计核算过程中，虽然使用过定理分析，但其并没有被广泛应用。信息化环境下，数据库管理系统的建立，尤其是相关业务处理信息系统的成熟，为财务管理定量分析提供了大量的基础数据。同时，利用工具软件可以轻松完成各项统计、计算工作，定量分析不再是专业人员才能完成的任务。

二、对财务管理的影响

以部门预算、国库集中支付和政府采购为代表，各行政事业单位财务管理过程中的重点由事后会计核算转变成预算编制、预算执行、会计核算、会计决算共同发展，形成以预算管理为主线的财务管理新模式。在此背景下，行政事业单位的财务管理信息化工作也对财务管理新模式的形成起到了促进作用。

（一）对预算编制管理的影响

随着部门预算方式的改革，行政事业单位实行了"零基预算"管理方法，各行政事业单位根据自身人员、资产和工作情况，结合财政部门确定的标准定额，编制年度预算。这就要求各行政事业单位的预算会计必须全面掌握本单位的各类信息，才能准确编制出年度预算，为全年工作提供及时、充分的资金保障。在预算的编制过程中，还必须细化到具体的支出科目，这些任务只有在信息技术的支撑下，才有可能在短时期内完成。

（二）对资金支付管理的影响

财政部改革国库集中支付制度后，财政资金不再拨付到预算单位账户，而是保留在央行国库，但这并没有改变预算单位的财务管理和财务核算权限，反而在财政部门和预算单位之间建立起资金使用的制约机制。

（三）对财务核算管理的影响

行政事业单位的财务核算由事后静态核算转变成事中动态核算，核算业务活动的反映由定时转变成及时，财务报表和财务报告也突破了原有会计周期的限制，提供及时的财务数据，并向财政部门和行政事业单位内部及时传递财务核算信息、指标执行信息、指标结余信息等，极大地丰富了财务信息的内容，提高了财务信息的价值。

（四）对财务决策和预测管理的影响

随着财政部门加强对财政资金的宏观预测和经济效益考核，行政事业单位也必须加强对资金支出的决策和预测管理。具体来说，就是以计算机网络为工具，根据一定的数学模型，对财务数据进行综合性加工、分析和深层应用，逐步建立模拟人的思维的辅助决策系统。行政事业单位通过智能型的辅助决策系统，可以综合比较本单位下一年度的支出方案，并通过预算的编制和执行，达到解决资金支出和提高资金利用率的目的。

（五）对行政事业单位财务管理过程的影响

1.规范财务管理制度，建立有效的财务管理模式

随着信息技术在财务管理中的广泛应用，行政事业单位的管理模式、财务管理制度、预算管理制度等都在发生变化。在财务管理信息系统的实施建设中，根据行政事业单位的运作特点，制定统一的财务会计制度，规范财务核算方法和账务处理程序，可以提高财务信息的准确性、及时性、完整性。利用信息网络技术，可以实时反映单位的业务和资金使用状况，避免出现财务信息滞后于业务信息的现象，从而实现对业务活动的有效监管。

2.消除财务信息沟通障碍，加强财务信息共享

应用计算机网络技术，进一步实现财务网络化管理，可以统一系统平台，打破以往阻碍财务信息沟通的壁垒，减少存在于事业单位内部之间，以及事业单位与上级部门之间的信息孤岛现象，有效扩大管理范围，提高管理能力，增强财务信息的时效性，提高财务信息的准确性。

3.实现对资金的实时控制和有效监管

行政事业单位的预算管理改革是合理开展财务监管工作的重要保证。通过信息化手段，有计划地对行政事业单位的资金划拨和费用支出做出规划管理，可以保证财政资金被有效使用，保障整个行政单位的工作正常开展。通过预算管理，可以充分结合预算指标情况和行政事业单位实际需要，对资金划拨和费用支出做出计划、调整和变动，同时保证与之相关的计划可以自动相应地联动调整。

（六）对财务管理职能的影响

信息技术强化了财务管理的基本职能，即财务决策和财务控制职能。其中，财务决

策是指根据行政事业单位的财务管理环境和要达到的目标，运用科学的方法，选择和确定实现财务目标的最优方案。在信息技术环境下，财务管理的环境发生了巨大的变化，各项决策活动都需要信息技术的支持，实现由感性决策向科学化决策的转变。财务控制是指在决策执行过程中，通过比较、判断和分析，监督执行过程，并及时修正。控制职能在信息化环境下得到进一步的强化，表现在控制范围扩展到行政事业单位财务管理的各个层面；控制手段借助信息化平台得以强化，实现控制从事后向事前、事中的转移。

此外，信息技术的广泛应用还衍生出财务管理的派出职能，主要包括财务协调职能和财务沟通职能。在信息化环境下，任何一个决策过程都可能涉及多个部门、多个领域。也就是说，随着部门间横向联系的加强，必须用适当的手段实现部门间、各业务流程间相互协调和沟通的能力，财务管理将更多地承担起这方面的职能。

第四章 财务会计信息系统的内部控制与审计

目前，财务会计信息系统在会计工作中的运用越来越广泛，与传统的财务管理相比，不仅在工作效率上大大提高，更主要的是提高了准确率，而且突破了企业财务管理的瓶颈。但是，财务会计信息化标准和业务规范仍然有很多不完善之处，还存在会计监管工作滞后及审计效率低等问题。本章主要探讨财务会计信息系统在内部控制和内部审计方面的内容，以期为财务会计工作提供一些借鉴和参考。

第一节 财务会计信息系统内部控制概述

内部控制指由企业的董事会、管理层和其他人员实施的，旨在为实现经营的有效性和效率、财务报告的可靠性，以及符合适用的法律法规等目标而提供合理保证的过程。财务会计信息系统的内部控制包括一般控制和应用控制两方面。

一、内部控制的目标和基本原则

（一）内部控制的目标

1.防范资产损失

第一，对企业主要资产，如货币资金、应收账款、材料物品、固定资产、长期投资等的存取予以授权。

第二，为企业资产分别设立各自账户予以记录。

第三，通过对账核实等方式，对各种资产的现状及使用变动情况予以监控。

2.确保业务记录的有效性、完整性、正确性

内部控制不允许将没有真正发生的虚构经济业务登记入账，而要求已授权且已发生的所有经济业务，都要在合适的时候以适当的金额登记到适当的账户，即被正确地确认、计量。

3.确保会计信息的输出符合相关的处理规则

保证财务会计信息系统按公认的会计原则，完整、及时地报告会计信息，如编制资产负债表、损益表、现金流量表等。同时，还要给各种会计档案、会计信息建立必要的使用与防护控制机制，如配置专人负责会计档案的保管、分发和回收。建立会计档案使用授权、登记制度，以确保信息传播的有效性和会计档案的安全性。

4.为审计提供足够的线索

在设计和开发财务会计信息系统时，必须注意审计的要求，使系统在数据处理时留下新的审计线索，以便审计人员在信息化环境下也能跟踪审计线索，顺利完成审计任务。

（二）内部控制的基本原则

1.合法性原则

内部控制应当符合法律、行政法规的规定和有关政府监管部门的监管要求。

2.全面性原则

内部控制在层次上应当涵盖企业董事会、管理层和全体员工；在对象上应当覆盖企业各项业务和管理活动；在流程上应当渗透到决策、执行、监督、反馈等各个环节，避免内部控制出现空白和漏洞。

3.重要性原则

内部控制应当在兼顾全面的基础上突出重点，针对重要业务与事项、高风险领域与环节采取更为严格的控制措施，确保不存在重大缺陷。

4.有效性原则

内部控制应当为内部控制目标的实现提供合理保证。企业全体员工应当自觉维护内部控制的有效执行。内部控制建立和实施过程中存在的问题应当得到及时纠正和处理。

5.制衡性原则

企业的机构、岗位设置和权责分配应当科学合理并符合内部控制的基本要求,确保不同部门、岗位之间权责分明,有利于其相互制约、相互监督。履行内部控制监督检查职责的部门应当具有良好的独立性。任何人不得拥有凌驾于内部控制之上的特殊权力。

6.适应性原则

内部控制应当合理体现企业经营规模业务范围、业务特点、风险状况,以及所处具体环境等方面的要求,并随着企业外部环境的变化、经营业务的调整、管理要求的提高等不断改进和完善。

7.成本效益原则

内部控制应当在保证内部控制有效性的前提下,合理权衡成本与效益的关系,争取以合理的成本实现更为有效的控制。

二、信息化环境下企业内部控制面临的挑战

信息化提高了企业内部控制的效率,同时也改变了企业内部控制的运行环境、控制范围、控制重点和控制方式。这对于原本就在内部控制制度方面不甚健全的中小企业来说,增加了其内部控制的难度与复杂性,并带来了新挑战。

(一)数据安全性遭遇严峻挑战

在手工会计系统中,原始凭证以纸张作为载体,有签章和文字记录,数据一旦被修改就会留下痕迹和线索。企业实施信息化后,企业内部控制的环境发生了变化,内部控制的重点也由对人的控制转变为对人、计算机、网络等信息设备和环境的控制。

(二)身份识别与权限控制难度增加

在手工会计系统中,一项经济业务从发生到形成相对应的会计信息,所经历的每个环节都要求具有相应管理权限的人员签字或盖章,有效地防止了伪造、篡改会计数据等作弊行为。会计实现信息化后,原来人与人间的联系部分转为人与计算机系统间的联系,身份识别与权限控制难度大大增加。

（三）内部控制的复杂性凸显

在手工会计环境下，通常会设置相互牵制的会计岗位，整个会计工作必须按一定的程序完成，并通过会计业务的相互稽核加以控制。例如，前面出现的错误往往可以经过后续工作的审查与复核得以发现并修正。会计信息化后，大部分会计处理工作都由计算机自动完成，这种数据处理的集中性使得传统的组织控制功能减弱。

（四）复合型人才普遍缺乏

在传统环境下，会计人员只要懂会计知识，一般就能适应工作。而会计信息化对企业会计人员提出了更高的要求，会计人员不仅要精通会计专业知识，还要熟悉计算机和网络知识。目前，中小企业的会计机构普遍比较简单，而且从整体上看，尤其缺乏专业精、懂管理、掌握一定信息技术、具有灵活性和创造性的复合型人才，这在一定程度上成为信息化环境下实施内部控制的瓶颈。

第二节 一般控制

一般控制是指对财务会计信息系统的组织、开发、应用环境等方面进行的控制。其目的是建立对财务会计信息系统活动整体控制的框架环境，并向达到内部控制的整体目标提供合理的依赖程序。一般控制主要包括组织和操作控制、硬件和软件控制、系统安全控制等。

一、组织和操作控制

（一）组织控制

企业的组织结构决定企业内部各部门、各岗位、各员工之间的职责关系，因此企业的组织结构是一种内在的控制。在设计企业的组织结构时要充分考虑并实现职责分离的控制目的，合理划分不同岗位或员工的职责，尤其是要分离不宜兼容的岗位职能。一般来说，一项完整的作业要由两个或两个以上的岗位员工共同完成，以利于相互复核和牵制。

在合理的职责分工下，职责清晰，分工明确，从而有效地减少差错或舞弊。不同处理方式的财务会计信息系统，其组织控制的形式和内容也不同。对财务会计信息系统而言，其组织控制主要表现为以下几个方面：

1.职能部门与业务部门职责分离

财务会计信息系统职能部门直接负责管理、操作、维护计算机和财务会计软件系统，即只负责数据的记录、处理，而避免参与业务活动。具体包括以下几点：

第一，所有业务活动均应由业务部门完成或授权。

第二，职能部门无权私自改动业务记录和有关文件。

第三，所有业务过程中发生的错误数据均由业务部门负责改正或授权改正。

第四，职能部门只允许改正在数据输入、加工和输出过程中产生的错误。

第五，所有现行系统的改进、新系统的应用及控制措施，都应由受益部门发起并经高级管理员授权。未经有关部门批准，业务部门无权擅自修改现有应用程序。

第六，所有资产的保管均不由系统职能部门负责。

会计信息化实施后的工作岗位可分为基本会计岗位和信息化会计岗位。其中，基本会计岗位负责经济业务的确认、计量与报告，信息化会计岗位直接负责管理、操作、维护计算机和会计软件系统。

2.财务会计信息系统部门内部的职责分离

一方面，在系统设计、开发与会计数据处理之间必须明确分工。系统设计开发只负责系统分析、设计、程序编码、调试、维护、数据库的设计与控制、编写用户手册等。数据处理只负责会计业务数据的处理和控制。系统开发与数据处理应由不同的人员承担。另一方面，为减少差错，防止舞弊，在数据准备、数据操作、文档管理等数据处理各环节之间也应进行一定的职责分离。当然，内部控制的方法与措施的有效性有赖于人员的执行，并及时、真实地反馈执行情况。因此，组织控制还应对人员进行考核及奖惩，如制定晋升制度、岗位轮换制度，定期休假制度，内部督查、审计制度等。

(二)操作控制

所谓操作控制,就是制定和执行标准操作规程,以保证财务会计信息系统运行的规范化、制度化和操作人员的合法化。操作控制的主要内容包括以下几个方面:

1.财务会计信息系统的使用管理

第一,应制定科学合理的机房管理制度,对设备的使用、程序的生效、文件的处置等做出明确的规定,防止非指定人员进入机房操作财务会计信息系统,以保护设备、程序、数据的安全。

第二,制定数据文件的管理规则,包括数据文件的保留限期、存放地点、保管人员、使用控制等方面的内容。

第三,为提高数据的共享性、兼容性,还应制定软件使用制度,同时制定一些应对突发事故的补救措施。

2.操作管理

制定规范的操作制度和程序,以保证上机操作人员的合法性。明确规定上机操作人员对财务会计软件的操作内容和权限。操作权限控制是指每个岗位的人员只能按照所授予的权限对财务会计信息系统进行作业,不得超越权限接触系统。系统应制定适当的权限标准体系,保证系统不被越权操作,从而保证系统的安全。操作权限控制常采用设置口令来实行。每次工作完毕应及时做好所需的数据备份工作。

3.运行记录制度

记录并保存财务会计信息系统操作和会计信息的使用情况,如记录操作人员、操作时间、操作内容、故障情况等。

二、硬件和软件控制

所谓硬件和软件控制,是指为及时发现、查验、排除计算机故障,确保财务会计信息系统正常运行而采用的计算机硬件、软件控制技术和有关措施。常用的计算机硬件控制技术有冗余校验、奇偶校验、重复校验、回波校验、设备校验、有效性校验等,通常由设备生产厂家负责实施。常用的计算机软件控制包括文件保护、安全保护机制和自我保护等内容。

（一）文件保护

文件保护主要通过设置、核对文件内部标签来防止未经授权的文件被使用和修改。文件内部标签是以机器可读的形式存储于磁盘或磁带中，一般占据文件目录的若干字节，以提供文件名称、文件编号、建立日期、所有者、进入口令、识别密码、文件记录数和保留日期等信息。

（二）安全保护机制

安全保护机制主要通过设立各类工作人员的存取权限，自动建立系统使用的人员及操作记录等，防止未经授权的系统使用。例如，某公司的财务管理软件产品分别在系统级、数据库级、功能级、数据级、数值级五个级别设置了安全控制机制。

（三）自我保护

自我保护主要包括两个内容：一是系统开发和维护的控制与监督（如程序的编号、维护的授权，只有使用专门指令才能启动和修改现有应用程序等）；二是出错处置程序，当计算机在程序、设备或操作出现错误时，仍能继续正常运行，不死机。

三、系统安全控制

通常财务会计信息系统的安全从保密性、完整性、可用性三个方面予以衡量。保密性是指防止财务会计信息被非法泄露；完整性是指防止计算机程序和财务会计信息被非法修改或删除；可用性是指防止计算机资源和财务会计信息被非法独占，当用户需要使用计算机资源时要有资源可用。因此，系统安全控制应涉及计算机和财务会计信息两方面的安全控制。系统的可靠性、信息的安全性，以及信息处理的正确性均有赖于强有力的系统安全控制。

（一）计算机的安全控制

1.建立计算机接触控制

应严格控制未经授权的人员进入装有财务会计信息系统的计算机所在机房，保证仅有授权人员方可接触系统的硬件、软件、应用程序及文档资料；严格执行已建立的岗位责任制度和操作规程，实施有效的上机授权程序。

2.建立系统环境安全控制

要妥善选择财务会计信息系统的工作场地，配备必需的防护和预警装置或设备，同时还应预设必要的"灾难补救"措施，建立后备系统等。

（二）数据安全控制

数据安全控制的目标是在任何情况下，数据都不丢失、不损毁、不泄露、不被非法侵入。通常采用的控制包括接触控制、丢失数据的恢复与重建等，确保一旦发生数据非法修改、删除，可及时将数据还原到原有状态或最近状态。数据的备份是数据恢复与重建的基础，网络环境下利用两个服务器进行双机镜像映射备份是数据备份的优选。

（三）网络安全控制

网络安全性指标包括数据保密、访问控制、身份识别、不可否认和完整性。具体可采用的安全技术主要包括数据加密技术、访问控制技术、认证技术等。

第三节 应用控制

应用控制是对财务会计信息系统中具体的数据处理活动所进行的控制。其重点在于全部交易均已经过合法授权并被正确记录、分类处理和报告。应用控制常可分为输入控制、处理控制和输出控制。

一、输入控制

输入控制的目的，一是确保完整、及时、正确地将经济业务信息转换成机器可读的形式，并输入计算机，不存在数据的遗漏、添加和篡改；二是及时发现与更正进入财务会计信息系统的各种异常数据，或者将其反馈至相关业务部门重新处理。

常用的输入控制方法如下：

第一，建立科目名称与代码对照文件，以防止会计科目在输入时产生错误。

第二，设计科目代码校验，以保证会计科目代码输入的正确性。

第三，设立对应关系参照文件，用来判断对应账户是否发生错误。

第四，试算平衡控制，对每笔分录和借贷方进行平衡校验，防止输入金额出错。

第五，顺序检查法，防止凭证编号重复。

第六，二次输入法，将数据先后或同时由两人分别输入，经对比后确定输入是否正确。依据数据输入过程的逻辑性，输入控制应包括数据收集控制、数据分批和转换控制。

（一）数据收集控制

数据收集控制是指对经济业务原始交易数据的人工收集、分类、记录过程的控制。它主要包括建立和执行合理的凭证编制、审核、传递、保管程序；合理设计凭证，明确规定各栏次的内容，并预留空栏供交易授权和责任确认；业务的授权与合理分类等方面的内容。

（二）数据分批和转换控制

数据分批是指将一段时间内的业务数据汇集在一起，集中输入和处理。对于采用分批处理方式的财务会计信息系统而言，可以防止交易处理的遗漏，防止在信息处理过程中插入未经授权交易资料，防止过账错误。有效的数据分批控制措施是控制总和，即计算并比较某一项数据在不同处理过程或部门产生的总和，若该项数据的各总和之间存在非零差异，则表示存在差错。例如，当某一批数据全部输入完毕后，若财务会计信息系统统计出来的记录项总数，与数据收集组提供的记录项总数不一致，则表示出现输入差错，必须立即更正。控制总和除选用记录项总和外，还常选用总额控制数，即整批交易的数量金额栏的汇总数。控制总和不仅适用于数据输入控制，而且可以应用于数据处理和数据输出控制。

数据转换控制是指将计算机不能识别（不能读取）的数据，转换为计算机能够识别（能够读取）的数据这一过程的控制。

二、处理控制

财务会计信息系统处理控制的目的在于确保已输入系统的全部数据均得到正确和完整的处理。常用的控制措施包括登账条件检验,防错、纠错控制,修改权限与修改痕迹控制等。处理控制主要涉及数据的有效性检验、数据处理的有效性校验及建立清晰的审计线索等方面的内容。

(一)数据的有效性校验

财务会计信息系统十分复杂,要求正确地处理各种类型业务文件。财务会计信息系统处理结果正确、完整的前提,是所要求处理的数据是正确、完整的,即保证所处理数据对象具有有效性。数据的有效性校验分为数据正确性校验和数据完整性校验。

1. 数据正确性校验

数据正确性校验,即要求处理的数据读取自适当的数据库,经适当的应用程序处理后又被存入适当的数据库。常用的方法包括校验文件标签,即人工检查文件外部标签,程序检查文件内部标签;设置校验业务编码,即对不同的业务进行编码,应用程序依据读出的业务编码,将不同的业务转入不同的程序进行相应处理。

2. 数据完整性校验

数据完整性校验,即确保要求处理的数据既没有遗漏,也没有重复,更没有未授权的插入和添加。最常用的方法就是顺序校验,即应用程序通过读取每一项业务或记录的主关键字,与前一项业务或记录的主关键字比较,以检查文件组织顺序是否正确。顺序校验不论是对数据输入控制还是数据处理控制都是必要的。

(二)数据处理的有效性校验

数据处理过程中产生的错误,一般是由于计算机硬件、系统软件、应用软件出现了问题。虽然现在计算机硬件设备的可靠性相当高,但在系统运行中仍有可能出现故障。设计完好的系统软件、应用软件,也可能因硬件故障或其他外界干扰而失效或被更改。因此,确保数据处理的有效性,一方面可通过定期检测财务会计信息系统各功能处理的时序关系和应用程序,及时发现并纠正错误;另一方面可通过对数据进行逻辑校验。

对于系统各功能处理的时序关系和应用程序的测试,常用重复处理控制的方法,即比较同一业务数据的前后两次处理结果,若两个结果不一致,则说明处理出错。例如,对于"应收账款"模块,可依据往来客户代码,对每批应收账款业务分别做出明细账处理和总账处理,分批处理结束后,若总账发生额与各明细账发生额的合计之间存在非零差异,则说明该模块存在问题。至于对数据的逻辑检验,既可采用合理性检验和配比性检验,也可采用逆向运算、重复运算等方法检测数值计算的正确性。

(三)建立审计线索

处理控制的另一个重要目的在于产生必要的、清晰的审计线索,以便追溯和查验已处理的交易。必要的、清晰的审计线索不仅为审计总账或其他会计记录的变动提供证据,而且也为编制财务报表、查找与更正处理错误、发现交易数据的遗漏或未经授权的添加提供方便。审计线索的充分程度直接影响到应用控制的质量。

财务会计信息系统审计线索的建立一般涉及输入或输出登记、程序的使用登记,以及处理过程中所产生业务的登记等方面的内容,具体包括:已处理的经济业务清单,处理中使用过的参数表和数据清单,操作人员单独输入的数据清单,处理中使用过的应用程序名称、次数和时间,某些经济业务所需的选择性处理操作清单,以及计算机产生业务的详细清单。

三、输出控制

财务会计信息系统不仅要保证输出结果的完整与可靠,而且要保证各种输出信息能安全、及时地分发到适当的使用者手中。只有具有相应权限的人员才能执行输出操作,并要登记操作记录,从而达到限制接触输出信息的目的。打印输出的资料要登记,并按会计档案要求保管。

输出控制包括对财务会计信息系统输出结果的复核和对输出结果的限制性分发。输出结果的复核,包含来自信息输出部门和信息使用者两方面的复核。信息输出部门在输出结果分发之前,要对拟分发的输出结果的形式、内容进行复核,如核对业务处理记录簿与输入业务记录簿有关数字、核对输入过程中控制总数与输出得到的控制总数、对比分析正常业务报告与例外报告中有关数字等。信息使用者在使用前,要对会计信息化输出结果复核,如客户在支付到期贷款之前,复核收到的往来客户账单;企业财务主管在每日现金送银行之前，要复核由出纳编制的存款汇总表等。

输出结果的限制性分发是指财务会计信息系统的输出结果只限于分发到授权接收的使用者手中。限制性分发通常是通过建立和执行输出文件的分发与使用登记制度来实现。

不论是输入控制、处理控制或输出控制，都应包括对发现的错误如何加以处理的措施和方法。一般而言，根据不同的情况，如错误发现的时间、错误类型、产生地点、环节等，采用不同的处理措施。例如，对已发现的错误凭证，若错误凭证被发现时已登账，则只能采用红字登记法或补充登记法来更正；若错误凭证被发现时已输入财务会计信息系统但尚未登账，且该错误来自数据转换阶段，即录入错误，则可直接更改；若该错误来自数据的采集阶段，即手工编制记账凭证错误，则操作员不能直接更改，应填制错误清单并通知有关业务部门，待清单中错误更改后送回，再重新输入。

第四节 计算机审计

一、计算机审计的概念

计算机审计是指对财务会计信息系统的审计。将计算机系统作为会计工作的辅助管理工具，不仅给会计工作本身，而且也给审计工作带来了深远的影响，同时也拓展了审计工作的范围。在电子商务环境中，传统的审计线索基本消失。记录和确认交易发生的各种文件，从合同、订单、发货单、发票、数字支票，到收、付款凭证等原始单据，都以电磁信息的形式在网上传递，并保存于电磁存储介质中，极大地冲击了传统审计的方法和模式。

（一）会计组织机构

在财务会计信息系统中，会计的许多功能，特别是会计核算功能是由计算机辅助完成的。在原有的手工处理系统中的一部分会计组织机构，如工资核算组、成本费用核算组、总分类核算组,均有可能不再需要设置。同时,由于计算机的应用,又相应出现了一些新的工作岗位和组织,如系统开发组、系统维护组等。因此,审计工作不仅仍然要围绕原来手工处理系统的例行任务展开,还要对财务会计信息系统新设立的组织机构做出研究与评价。

(二) 系统工作平台

系统工作平台是指财务会计信息系统使用的计算机硬件系统和系统软件。系统工作平台必须满足会计信息化技术与安全方面的要求。由于计算机系统是传统手工会计系统没有的部分,因此在对财务会计信息系统的审计过程中,审计部门要增加懂得计算机技术方面的成员。

(三) 数据存储形式

在手工操作时,会计信息由纸张介质记载,如记账凭证、账簿等。在财务会计信息系统中,计算机内的数据都存储在各种光、电、磁介质中,会计人员再也不能以翻开证、账、表的形式使用这些信息,只能借助计算机的辅助设备和程序来存取这些信息。存储介质的变化,使得会计系统的审计线索亦发生了变化:一方面,部分审计线索消失;另一方面,大部分审计线索改变了其存在的形式。

(四) 内部控制

除了原有手工系统下的内部控制制度外,企业会计系统应为每笔业务、每项经济活动提供一个完整的审计轨迹。可将相当一部分内部控制方法交由计算机程序实现,如试算平衡、非法对应科目设定、计算机操作权限设置等。计算机审计要求对财务会计信息系统内部控制机制的有效性进行审计。

(五) 计算机系统的安全性

财务会计信息系统的安全隐患主要来自两个方面:一个是会计人员及其他人员的舞弊行为,另一个是外界对计算机网络的恶意攻击。因此,必须采取相应的审计方法来对财务会计信息系统的安全性进行审计。

二、计算机审计的内容

计算机审计的基本目标是审查财务会计信息系统的有效性、经济性、效率性、完整性、准确性、安全性、私用性和合法性。在财务会计信息系统中,由于其组织结构、数据处理形式及数据存储介质,都与手工系统有很大差别,其审计的方式和内容也随之有所改变。此外,审计人员不仅可依靠传统方式围绕财务会计信息系统开展审计工作,也可利用计算机作为辅助工具对财务会计信息系统进行审计。具体地说,在财务会计信息系统环境下,计算机审计主要有以下内容:

(一)内部控制审计

财务会计信息系统的内部控制是否健全有效,是会计信息正确与否的基本保证。我国针对会计处理工作制定的一系列法律法规,为保证财务会计信息系统正常运行提供法律基础。一个企业建立和实施内部控制审计,必须实现的目标包括:提供可靠数据、保护各项资产及记录的安全、促进经营效率的提高、遵守既定政策和有关法规。如果企业的现行会计制度、会计处理规程等内部控制,既符合公认的会计原理和准则,以及其他内部控制原则,又能够自始至终地得到贯彻执行,那么一般可以认为企业提供的会计信息是真实的、公允的。制度基础审计既是社会经济发展对审计工作提出的要求,也是对财务会计信息系统进行内部控制审计的主要内容。

(二)计算机系统审计

计算机系统包括计算机硬件、系统软件和应用软件。计算机系统审计主要指对计算机硬件和系统软件的审计。

对计算机硬件的审计是审查硬件的性能是否达到要求,设备运行是否正常。一般来讲,财务会计信息系统的硬件要求可靠性较高。为了保证系统数据的安全性和完整性,系统可以采用数据存储设备镜像或双机热备份等工作方式。

对计算机系统软件的审计,主要包括计算机操作系统和数据库管理系统的审计。在当前的中小型系统中,可用于局域网系统的产品不多,这些产品不提供源代码,其安全性也有限。在多用户或网络工作环境中,计算机操作系统必须满足一定的安全级别。在有条件的情况下,计算机操作系统的安全级别要达到 B2 级。

（三）系统开发审计

在财务会计信息系统方面，不仅要对系统的工作环境审计，也要对财务会计信息系统的开发过程审计，即对财务会计信息系统的整个生命周期审计。系统开发审计一方面要检查开发活动是否受到适当控制，以及系统开发的方法与程序是否科学、先进、合理；另一方面还要检查系统开发中产生的文档资料。例如，在系统分析阶段产生的系统分析报告，其中描述的财务会计信息系统逻辑模型是否正确；在系统设计阶段产生的系统设计文档是否可行、有效；在系统实施过程中采用的开发工具是否先进。

（四）应用程序审计

在财务会计信息系统中，会计功能，特别是会计核算必须依照一定的步骤、方法和规范展开。因此，应用程序的审计要通过一系列数据测试，对目标系统的符合性进行检验，以保证程序运行逻辑的正确性。

（五）数据文件审计

财务会计信息系统是利用数据文件系统存储会计处理的对象和结果。在会计信息化系统中，会计凭证、会计账簿、会计报表；国家制定的法律、财经法规、政策和制度，上级制定的规章制度，上级下达的指示、通知、命令；企业制定的经营方针、目标、计划、预算、定额、经济合同，各项经济指标、规章制度等都可以以数据文件或数据仓库的形式存储于光、电、磁等介质上。因此，审计依据和审计证据大部分来自财务会计信息系统和企业信息系统内部，特别是企业制定的各项数据指标和账务处理数据。

所谓财务会计信息系统维护，主要是指对财务会计信息系统软件和硬件系统的修正改造工作。通过系统维护，改正系统存在的错误或不足，完善系统的功能，使系统适应新的环境，保证系统正常运行。

第五章 财务会计信息系统维护

第一节 财务会计信息系统维护概述

系统维护贯穿系统整个生命周期，也是系统生命周期中最重要、最费时的工作。系统维护是指为了保证系统正常工作，适应系统内、外部环境和其他相关因素的变化而采取的有关活动。系统维护的内容主要有系统软件维护、数据维护、代码维护、设备维护等。

一、系统维护的目的

财务会计信息系统维护的目的包括以下几个方面：

（一）维持系统的正常运行

财务会计信息系统正常运行工作包括：数据收集、整理、录入，机器运行的操作工作，处理结果的整理和分发，系统的管理和有关硬件维护，机房管理，空调设备管理和用户服务等。

（二）记录系统运行状况

记录系统运行状况是科学管理的基础，包括及时、准确、完整地记录系统的运行状况、处理效率和意外情况的发生及处理等。此外，记录系统运行情况也是系统评价的基础。

（三）有计划、有组织地对系统做必要修改

系统修改的原因是多方面的，主要包括管理方式、方法及策略的改变，上级的命令、要求，系统运行中出错的情况，用户提出的改进要求，先进技术的出现等。对系统的任何修改都必须非常小心谨慎，有计划、有步骤地执行。

（四）定期或不定期地对系统运行情况进行回顾与评价

定期或不定期地回顾与评价系统运行情况，以确定系统发展和改进的方向，完善系统功能，使其适应新环境，得以正常运行。

二、系统维护的重要性

（一）系统维护工作是一项极其重要的工作

财务会计信息系统是一个比较复杂的系统，当系统内、外部环境发生变化时，系统要适应各种因素的影响；当用户在使用过程中遇到一些以前没有发生过的问题，或者运行期间不断出现的新要求时，系统要通过二次开发予以解决。

（二）系统维护工作是一项经常性的工作

在财务会计信息系统工作中，系统维护的工作量所占比重很大，与此相对应的是，系统维护的费用也很高。财务会计信息系统的应用对象总是处于动态的变化之中，无论财务会计信息系统设计得如何周密、完善，在实施和运行期间都必然会产生偏差。因此，财务会计信息系统维护工作伴随着财务会计信息系统的诞生而产生、发展，直至生命期的终结。具体地说，财务会计信息系统需要进行维护的原因主要包括以下几个方面：

第一，会计制度、法规的变更。

第二，企业管理方式、方法的改变。

第三，会计处理过程或程序的变化。

第四，用户需求的不断增加。

第五，计算机软、硬件系统的更新换代。

第六，原系统设计的某些不完善或错误。

三、系统维护的分类

财务会计信息系统的维护包括软件维护、硬件维护和使用维护等。

（一）软件维护

1.依据软件维护的不同目的分类

（1）正确性维护

正确性维护旨在诊断和改正使用过程中发现的程序错误。

（2）适应性维护

适应性维护是配合计算机科学技术的发展和会计准则的变更而进行的修改设置活动，如财务会计软件的版本升级、会计年度初始化、月初始化工作等。

（3）完善性维护

完善性维护是为实现用户提出的增加新功能或改进现有功能的要求，对软件进行的修改。相当多的企业，受财力、人力所限，最初只在会计核算方面实现了信息化，使用一段时间后，企业管理者往往希望将会计信息化范围扩展至会计计划、会计分析、会计决策等方面，这时就必须对原会计软件进行修改和完善。

（4）预防性维护

预防性维护是为给未来的改进奠定更好的基础而修改软件。

决定软件可维护性的主要因素是软件的可理解性、可测试性和可修改性。在系统维护前，只有理解需维护的对象，才能对其做出修改；在修改后，只有进行了充分测试，才能确保修改得正确。因此，在系统开发、维护过程中，要保留完整、详细的文档资料。对于商品化的财务会计软件来说，其应用系统的操作功能维护比较困难，一般由软件生产商来进行。如果维护现有系统的费用已超出预算，或接近重新开发一个新系统的预算时，就应报废现有系统，重新开发一个新系统。

2.依据软件维护的不同对象分类

（1）应用软件的维护

若处理的业务、数据或信息量等发生变化，则会引起应用软件的变化。应用软件的维护是系统维护最重要的内容。

（2）数据文件的维护

系统的业务处理对数据的需求是不断变化的，数据文件也要适应变化的情况，做出适当的修改，增加新内容或新文件。

（二）硬件维护

硬件维护指对计算机主机及其外部设备的保养、发生故障时的修复、为适应会计软件的运行而做出的硬件调整等。

（三）使用维护

财务会计信息系统的使用维护包括初始化维护、系统环境维护、意外事故维护、计算机病毒的防治等。

第二节 财务会计信息系统的操作权限维护

财务会计信息系统加工、存储的是企业的重要经济数据，对这些数据的任何非法泄露、修改或删除，都可能给企业带来无法估量或无可挽回的损失，因此无论是对会计信息化还是对企业而言，安全保密性都是至关重要的。

财务会计信息系统的安全保密工作，通常包括对操作人员使用系统功能的权限设置，以及对操作目标的权限设置两大部分。

一、操作人员的权限设置

出于系统安全和数据保密的需要，不同工作内容、岗位和职位的财务会计信息系统操作人员的权力范围也不同。例如，凭证录入人员有权输入、修改凭证，但无权审核凭证，无权修改会计核算的方法，无权变更其他操作人员的名称、权限；部门经理有权查询有关账表，却无权更改凭证和账表。操作人员权限的设置方案必须认真设计，要从功能处理权和数据存储权两个角度来设计权限的设置方案，还要将计算机操作系统的安全机制与财务会计信息系统的操作权限结合起来考虑，否则会给系统运行带来隐患。

操作权限设置的作用，一是明确财务会计信息系统操作人员的注册姓名、代码及口令；二是明确特定的注册代码、口令的权限。任何想进入财务会计信息系统的用户，必须输入注册姓名、对应代码及口令，只有在三者的键入完全正确时，用户才能进入财务会计信息系统，否则将被系统拒绝。进入财务会计信息系统后，用户也只能执行授权（权限）范围内的相关功能，如对财务会计信息系统中的各种账、表进行的凭证输入、记账、编制会计报表等相应操作。

二、操作目标的权限设置

操作人员的操作目标是系统中的文件，具体对应财务会计信息系统，就是系统记录和表达经济业务数据的各个文件。操作目标的权限设置就是指通过对不同类型的文件或目录设置适当的属性，约束或限制删除、改名、查看、写入及共享等操作，以达到保密、安全的目的。对于某个特定的操作目标，一般可设置几种权限：管理员权限、只读文件权限、写文件权限、建立新文件权限、删除文件权限、修改文件权限、查找权限和修改文件属性权限等。根据用户代码、口令级别的不同，可将以上权限全部或部分授予用户。

文件的属性有多种，且有些还可对网络用户发生作用。在不同类型的文件或目录中，用于保密安全的有以下属性：

（一）只读属性

如果文件具有只读属性，则只能读取该文件，不能修改和删除该文件的内容。因此，与该属性相对的是读写属性，具有读写属性的文件可以被用户读取、写入、改名及删除。

（二）隐含属性

如果文件具有隐含属性，则文件在文件名列表中不显示。因此，不知道该文件名字的用户，就不能发现该文件的存在。

（三）系统属性

如果文件具有系统属性，即为系统文件，则不在列表清单中显示出来，这样可防止文件被删除或被拷贝。

以上各类权限既可单独使用，也可配合使用，在实际工作中，通常是配合使用。配合使用时需注意的是，文件属性保密性优先于用户等效权限。以只读属性为例，如果文件是只读文件，则不论用户等效权限如何，用户对该文件只能读，不能写、换名和删除。

在网络化的财务会计信息系统应用中，以上诸属性尚达不到系统安全的目的，应当使用一些安全级别更高的操作系统。

第三节 财务会计信息系统运行维护

财务会计信息系统运行维护，主要是指为保证系统正常运行而对系统运行环境进行的一系列常规工作或措施，包括外界的物理环境及系统内部环境。

一、系统运行环境维护

财务会计信息系统要想可靠运行，必须有良好的外界环境。由于人们往往对不良环境可能给计算机系统造成的危害认识不足，当计算机发生物理损坏、程序出错、数据丢失、输出结果异常时，人们需要从计算机运行的外界环境方面找原因。

（一）外界环境的影响因素

计算机所处外界环境主要受到供电电源、温度、静电、尘埃四大因素的影响。

1.供电电源

计算机对供电质量和供电连续性要求很高，它要求连续的、稳定的、无干扰的供电，俗称"清洁"电源，若直接使用普通的工业供电系统给计算机系统供电，则存在以下三个主要问题：

（1）供电线路环境噪声

输电网的电力调节、电力设备的启停、闪电、暴雨等均可产生电噪声干扰和瞬变干扰。据统计，这类干扰占典型不良供电环境影响的90%，而计算机50%的错误是由这类干扰引起的，受到这类干扰的计算机轻则程序出错、数据丢失，重则芯片损坏。

（2）电压波动

电压波动既可以是瞬间波动，也可以是较长时间的过压或欠压供电，如照明灯的忽明忽暗，就是电压波动的表现。无论是瞬间波动或过压、欠压供电，都会对计算机产生冲击电压或浪涌电压，使计算机出错或损坏。

（3）停电

停电既可以是供电停止，也可以是瞬间断电。所谓瞬间断电是指从宏观上看，供电并未停止，只是在某一瞬间，即在几个毫秒内断电，然后又马上恢复。人们对瞬间断电往往不熟悉，也不易察觉，计算机对此却十分敏感。

无论是突然停止供电还是瞬间断电，都会产生严重的后果，甚至有可能损伤或损坏硬盘。

2.温度

不良的环境温度会严重损害计算机的存储器和逻辑电路，加速电子元件的老化。因此，一般计算机禁止在低于5℃或高于35℃的温度下使用或存放。经验表明，温度过高就会大大增加存储器丢失数据和使计算机发生逻辑错误的机会。过低或过高的温度还可能会使硬盘"划盘"，使硬盘遭受损坏。

3.静电

积累在物体上的静电荷，会对计算机造成严重破坏。人们在地毯上行走可产生高于1.2万伏的静电，在正常温度范围内，即使是在乙烯地板上走动也可产生4 000伏静电。已得到证实的是，仅仅40伏的静电就可使计算机产生错误。静电与湿度有密切的关系，如果室内相对湿度低于40%，静电的危险性就大大增加；如果湿度高于60%，又会增加凝聚的危险性，引起电接触不良，甚至腐蚀或引起电子器件短路。

4.尘埃

灰尘不仅是软盘和磁头的大敌，也是其他计算机设备的大敌。

（二）外界环境的改善与维护

为改善、维护财务会计信息系统的外界环境，一般应建设财务专用机房并安装空调，保持室内清洁和适当的湿度，有条件的还应装防静电地板。对于供电电源，必须做到以下几点：

第一，采用专用干线供电，线路上不安装其他大型用电设备。

第二，计算机应接入同一供电线路或电源，并统一接地，以减少电源相位差所产生的噪声。

第三，各台计算机与终端应装上分开关，以减少使用统一开关所产生的浪涌电压。

第四，在电源后面安装具有滤波和隔离功能的电源稳压器，以抑制瞬变干扰、冲击电压、浪涌电压的危害，使电压得到稳定。

第五，在稳压电源后面接入不间断电源，以保证突然断电时有充足时间采取必要的防护措施。

二、系统内部环境维护

所谓系统内部环境，是指财务会计信息系统运行的软、硬件环境，如果软、硬件环境不能满足要求或不匹配，系统也不能正常运行。

（一）硬件环境维护

对企业而言，硬件维护的主要工作是在系统运行过程中出现硬件故障时，及时进行故障分析，并做好检查记录，由系统管理员与维护人员共同研究，确定设备是否需要更新、扩充、修复，如果需要则应由维护人员安装和调试。系统硬件的一些简单的日常维护工作通常由软件维护人员兼任。企业中较常见的硬件日常维护工作如下：

1. 硬盘、内存的有关维护

会计软件正常安装、运行需要较多的存储空间，即需要足够大的硬盘空间。在将会计软件安装到硬盘上之前，一方面要检测并清除硬盘上的病毒，删除硬盘上不需要的文件、目录（或文件夹），重整硬盘文件；另一方面，在会计软件日常运行时，可以通过删除硬盘上已备份过的以前年份的数据来缓解硬盘空间的不足，也可以通过关闭一些任务的窗口来释放内存空间。在常用的计算机操作系统中，要定期维护注册表，以提高系统的工作效率。

2.打印机、显示器的有关维护

财务会计信息系统运行中，经常需要查询和打印记账凭证、日记账、报表等。查询结果需要通过显示器和打印机输出。每一种类型的显示器和打印机都有各自的驱动方式。目前，计算机的外部设备大多具备即插即用和热插拔的功能，但对于一些较陈旧的设备，或是版本更新的设备，系统就不能自动地正确识别。因此，会计软件要正常运行，必须选择与之相适配的显示、打印驱动程序。

（二）软件环境维护

财务会计信息系统投入运行后，可能需要对系统的功能进行一些改进，这就是软件维护工作。软件维护与数据维护是系统生命周期的最后一个阶段，工作量最大，时间也最长。对于使用商品化会计核算软件的企业，软件维护主要由财务会计软件公司负责，企业只负责操作与数据维护。财务会计信息系统数据维护的目的，是使系统的数据映像能够准确地反映企业资金的历史状态、运行状态与现时状态。对于自行开发会计核算软件的企业，需设置专职系统维护员，负责系统的软、硬件维护工作。

第四节 计算机系统与网络安全维护

影响计算机系统与网络安全的因素很多，有的来自系统内部，有的来自系统外部，下文主要讨论来自系统外部的影响因素。来自系统外部的安全隐患，主要有计算机病毒和黑客的攻击。

一、计算机病毒的防治

计算机病毒是一种人为特制的小程序，通过非授权入侵并隐藏在可执行程序或数据文件中。当计算机系统运行时，源病毒能把自身精确拷贝或者有修改地拷贝到其他程序体内，具有相当大的破坏性。计算机病毒已经成为计算机犯罪的重要形式之一。

（一）计算机病毒的特点

1.隐秘性

计算机病毒是程序，但不是一个完整的程序，而是寄生在其他可执行的目标程序上的指令序列。计算机病毒研制者熟悉计算机系统的内部结构，并有高超的编程技巧，设计出的程序一般都是不易被察觉的小程序。计算机病毒既可用汇编语言编写，又可用高级语言编写。

2.潜伏性

计算机病毒具有依附其他媒体而寄生的能力，它可以在几周或几个月内，在系统的备份设备内复制病毒程序而不被发现。

3.传播性

源病毒可以是一个独立的程序体，它具有很强的再生机制，可以不断进行病毒体的扩散。计算机病毒的再生机制反映了病毒程序最本质的特性。

4.激发性

在一定条件下，通过外界刺激，计算机病毒程序可活跃起来。激发的本质是一种条件控制，如某个特定的日期或时间、特定的用户标志符或文件、用户的安全保密等级或一个文件使用的次数等，均可作为激发的条件。

5.破坏性

病毒程序一旦加入当前运行的操作程序上，它就开始搜索可感染的其他程序，从而使病毒很快扩散到整个系统，破坏存储介质中文件的内容，删除数据，修改文件，抢占存储空间，甚至格式化存储介质等。计算机病毒可以中断一个大型计算机中心的正常工作，或使一个大型计算机网络处于瘫痪状态，从而造成毁灭性的后果。

（二）计算机病毒的分类

根据计算机病毒的入侵途径，可将病毒分为以下几种：

1. 源码病毒

源码病毒在源程序被编译之前,插入用高级语言编写的源程序中。由于用高级语言编写病毒程序难度较大,所以这种病毒较少。

2. 入侵病毒

入侵病毒入侵时,实际上是把病毒程序的一部分插入主程序中。当病毒程序入侵现有程序后,如果不破坏主程序,就难以除掉病毒程序。

3. 操作系统病毒

操作系统病毒是最常见、危害性最大的病毒,它在系统运行过程中,不断捕捉中央处理器的控制权,不断扩散病毒。这种病毒隐藏在被虚假地标明"损坏"的磁盘扇区内,或加载到内存的驻留程序,或设备的驱动程序中,以便隐蔽地对内存储器进行传染和攻击。

4. 外壳病毒

外壳病毒把自己隐藏在主程序的周围,一般情况下不修改源程序,通常感染可执行文件。

(二)计算机病毒的判别

理论上,目前并不存在一种能自动判别系统是否感染病毒的方法,以下是一些计算机病毒发作时的常见现象:

第一,操作系统无法正常启动,数据丢失。

第二,能正常运行的软件发生内存不足的错误。

第三,通信和打印发生异常。

第四,无意中要求对可移动存储器进行读写操作。

第五,系统文件的时间、日期、大小发生变化,文件目录发生混乱。

第六,系统文件或部分文档丢失或被破坏。

第七,部分文档自动加密码。

第八,磁盘空间迅速减小,运行速度明显变慢。

第九,网络驱动器卷或共享目录无法调用。

第十,屏幕出现一些不相干的信息。

第十一,自动发送电子邮件。

第十二，主板基本输入输出系统程序出现混乱，主板被破坏。

第十三，出现陌生人发来的电子邮件。

第十四，网络瘫痪，无法提供正常的服务。

（三）计算机病毒的防治措施

为了加强对计算机病毒的预防和治理，保护计算机信息系统安全，保障计算机的正常应用与发展，根据《中华人民共和国计算机信息系统安全保护条例》的规定，中华人民共和国公安部制定了《计算机病毒防治管理办法》。在《计算机病毒防治管理办法》中指出，计算机信息系统的使用单位在计算机病毒防治工作中应当履行下列职责：

第一，建立本单位的计算机病毒防治管理制度。

第二，采取计算机病毒安全技术防治措施。

第三，对本单位计算机信息系统使用人员进行计算机病毒防治教育和培训。

第四，及时检测、清除计算机信息系统中的计算机病毒，并备有检测、清除的记录。

第五，使用具有计算机信息系统安全专用产品销售许可证的计算机病毒防治产品。

第六，对因计算机病毒引起的计算机信息系统瘫痪、程序和数据严重破坏等重大事故应及时向公安机关报告，并保护现场。

《计算机病毒防治管理办法》还指出，任何单位和个人在从计算机信息网络上下载程序、数据或者购置、维修、借入计算机设备时，应当进行计算机病毒检测。任何单位和个人销售、附赠的计算机病毒防治产品，应当具有计算机信息系统安全专用产品销售许可证，并贴有"销售许可"标记。从事计算机设备或者媒体生产、销售、出租、维修行业的单位和个人，应当对计算机设备或者媒体进行计算机病毒检测、清除工作，并备有检测、清除的记录。

计算机病毒对财务会计信息安全提出了巨大的挑战，特别是近年来，计算机病毒采用的技术越来越高明，并朝着更好地对抗反病毒软件，更好地隐蔽自身的方向发展。计算机病毒采用的技术有对抗特征码技术、对抗覆盖法技术、对抗驻留式软件技术、对抗常规查毒技术和其他技术。为了对抗这些日益发展的病毒，反病毒软件也必须采用新的技术，目前较为实用的有虚拟机技术、指纹识别技术、驱动程序技术、计算机监控技术、数字免疫系统、网络病毒防御技术和立体防毒技术等。

要想有效地防范计算机病毒，一是要在思想上重视、在管理上到位，二是依靠防杀计算机病毒软件。必须建立合理的计算机病毒防范体系和制度，及时发现计算机病毒侵入，并采取有效手段阻止计算机病毒的传播和破坏，恢复受影响的计算机系统和数据。从加强系统管理入手，制定出切实可行的管理措施，具体如下：

第一，安装病毒检测软件，对计算机系统做实时监控和例行检查。

第二，控制可移动存储器的流动，慎用不知底细的软件。

第三，要对用户的权限和文件的读写属性加以控制。

第四，尽量不要直接在服务器上运行各类应用程序。

第五，服务器必须在物理上绝对安全，不能让任何非法用户接触到服务器。

第六，在互联网接入口处安装防火墙式防杀计算机病毒产品。

第七，安装数据保护设备，如硬盘保护卡和加密控制器，杜绝未经授权修改系统软件和重要数据的现象。

第八，在外网单独设立一台服务器，安装服务器版的网络防杀计算机病毒软件，并实时监控整个网络。

第九，建立严格的规章制度和操作规范，定期检查各防范点的工作状态。

面对当前的病毒威胁，最好是采用主动病毒防护系统，为网络提供始终处于活跃状态、可以实时升级的防病毒软件。当新的病毒出现时，该系统会立即对防病毒软件自动进行升级。

二、计算机网络安全维护

随着计算机科学技术和互联网的发展，财务会计软件的运行环境也从单机系统向局域网和互联网发展。但无论是企业或行政事业单位，只要将计算机系统接入互联网，就会感受到来自网络安全方面的威胁，就有可能遭受来自网络另一端的人为的恶意攻击。这些来自外部的攻击有可能使正常运行的系统遭受破坏，有可能窃取企业或行政事业单位的机密数据，有可能仅仅是某些高手们的恶作剧。据统计，平均每数秒就会有一个网站遭到入侵。

系统防范与非法入侵是一对不断斗争的矛盾双方，目前还没有哪一个系统能够十分有把握地宣称杜绝入侵，电子商务网站和大型网站被攻击而引起的安全热潮，把信息安全推向了计算机应用的前沿。为了财务会计信息系统的安全，并且使其能在电子商务活动中支持正常的经济业务和贸易,必须给企业网络系统构筑安全防线。为保证系统安全,需要在网络系统安装适当的防火墙产品。

财务会计信息系统的管理员应该在安全检测、网络安全监控、链路加密、网页恢复等方面进行系统维护工作。具体的工作可以在事故发生的前、中、后三个阶段加以控制。

事前阶段可使用网络安全漏洞扫描技术,对网络做预防性检查,及时发现问题,可以模拟黑客的进攻,检测受检系统的安全漏洞和隐患;事中阶段的目标是尽可能早地发现事故苗头,及时中止事态的发展,将事故的损失降低到最低;事后阶段要研究事故的起因,评估损失,追查责任,进行多层次、多方位、多手段的电子数据取证,以追查事故源头。

随着互联网的发展和应用的深入,黑客入侵事件变得越来越频繁,仅仅依靠传统的操作系统加固、防火墙隔离等静态安全防御技术,已经远远无法满足现有网络安全的需要了。入侵检测系统是近年来发展起来的动态安全防范技术,其通过收集与分析计算机网络或系统中的若干关键信息,从中发现是否有违反安全策略的行为和被攻击的迹象。这是一种集检测、记录、报警、响应于一体的动态安全技术,不仅能检测来自外部的入侵行为,同时也可监督内部用户的未授权活动。

第五节 财务会计信息系统的二次开发

根据不断变化着的市场及企业内部管理的需求,企业亟须得到各种各样的、大量的、全方位的信息,特别是有关经济业务的信息,以便对这些信息加以分析,为管理决策服务。财务会计信息系统在开发时,虽然考虑到尽量满足用户的需求,但针对用户的特殊要求,以及企业内部与外部的条件和环境的变化,往往需要对财务会计信息系统进行二次开发。若企业的财务会计软件是通过自行开发或委托开发人员为本企业定制的系统,一般对其进行的二次开发最好由系统的原班开发人员来完成。但是在这种情况下,往往不易区分软件的维护工作与二次开发工作的界限。对于商品化会计核算软件而言,为了方便用户的使用,提高会计核算软件的生命力,商品化会计核算软件在其推出之时,就十分重视最终用户对该产品二次开发的需求,并为此提供了二次开发的接口。由于商品化财务会计软件往往只提供可执行的二进制代码,因此对其数据处理部分进行二次开发比较困难。为了使软件的功能满足不断发展和变化着的管理工作的需要,可以采取升级软件产品版本的方法来达到二次开发的目的。商品化会计核算软件主要提供了数据输入与数据输出两个方面的二次开发接口。

一、数据输入的二次开发

为了严格地执行会计核算制度,商品化会计核算软件的数据输入设计对操作的控制十分严格,一般情况下,软件产品提供的输入界面与数据(记账凭证)输入的内部程序控制关系不允许用户自行修改。在商品化会计核算软件中,为了接收系统外部数据的输入,如接收来自材料核算子系统、固定资产核算子系统、成本核算子系统、工资核算子系统、产品及销售子系统转入的机制凭证,以及数据的远程录入,软件产品中一般会提供一种标准数据结构的缓冲区来存放这些外来数据。

对于以上从外部输入的数据,首先将其一律预先存储在标准数据结构缓冲区中,然后经过该系统原设计的数据输入通道,最后将缓冲区中的数据向账务处理系统导入。商品化会计核算软件就是应用这种标准结构方式,接收会计核算数据的脱机输入、支持记账凭证数据的多点采集、接收财务会计信息系统中从各功能核算子系统产生并传送过来的机制记账凭证。

为满足系统的需要,经二次开发形成新功能的子系统或子模块,其数据导入会计核算账务处理系统,也可利用缓冲区。

二、数据输出的二次开发

财务会计信息系统全面、完整地记录了会计核算数据,而如何用好这些数据,提高信息的利用率,是财务会计信息系统不断追求的目标。商品化会计核算软件为了方便用户,预先提供一些样表,如资产负债表、损益表、现金流量表,以满足对标准会计报表的编制与输出。出于数据输出二次开发的需要，还要求提供许多不同格式的输出表格形式，以直接分析会计核算系统中的数据。对于各种不同的数据需求方式，可以通过会计核算软件的自定义报表功能、数据导出功能、系统数据的直接访问等方式来得到财务会计信息系统二次开发所需要的数据。

（一）自定义报表

商品化会计核算软件一般都具有用户自定义报表的功能，其工作原理类似于电子表格。为了完成特殊的数据分析并输出需要的报表，用户可以给报表格式、报表项目、取数公式下定义，自行设计新的报表格式。商品化财务会计软件系统也相应地提供一系列针对会计核算与分析应用的标准函数或子程序，以便于用户在构建取数公式时调用。

（二）数据导出

通常各种计算机应用程序都会提供数据导出功能，此功能一般可以在该软件主菜单"文件"项目中的"另存为"中实现。商品化会计核算软件一般也提供数据导出功能。在常用的计算机操作系统环境下运行时，财务会计软件产品一般都采用开放式数据库互联数据协议，提供数据导出功能，这样便于导出会计系统中的内部数据格式，并转换为电子表格、纯文本文件等数据格式。

数据导出方式具有操作简便、有效，输出的各种数据格式符合标准等优点，但也存在以下不足：

首先，使用数据导出时，要求用户开启商品化会计核算软件并进行交互式操作，人工干预。

其次，在数据导出时，操作人员指定并键入的数据输出文件名要符合要求，否则会影响后续数据处理软件的正常运行。

最后，数据导出方式不利于通过程序控制、自动执行来完成财务会计信息系统二次开发所要求的数据处理功能。

（三）直接数据访问

只要知道系统数据的存储格式，就可以直接访问商品化会计核算软件系统中的数据库并提取数据。为了保证会计系统数据的完整性，采用对数据直接访问的手段应严格避免对原系统数据的修改、删除等操作，仅保留数据操作的读取权。

为了使会计人员不仅能够使用财务会计软件，而且会维护财务会计软件、会综合利用会计核算软件系统的已有数据进行财务分析、会在财务会计软件的基础上二次开发，许多商品化会计核算软件产品在财务会计软件的产品技术手册中，对最终用户公布会计核算软件的数据处理流程、主要功能程序的模块结构、数据存储结构等技术资料，便于最终用户实现对财务会计信息系统更高水平的应用。

第六章 信息化背景下财务人员能力升级

第一节 信息化背景下 CFO 的基础能力框架

所有期望成为 CFO（Chief Financial Officer，首席财务官）的财务人员都很关心一个问题——应当积累哪些知识才能成为 CFO？实际上，很多财务人员在年轻的时候是没想明白这个问题的，导致这些人与机会失之交臂，或者勉强上任，但无法达到预期的效果。

下文将尝试通过搭建一个信息时代 CFO 的基础能力框架来回答这个问题，这个框架将考虑信息时代财务管理职能需求的拓展。

一、战略财务基础能力框架

（一）战略与业务

CFO 需要有非常宽阔的知识面，但最重要的并不是专业知识，而是对公司战略和业务的理解及把控。该能力决定了 CFO 是否能够真正成为一个经营团队的合格管理者，而不仅仅是一个财务工作者。

核心技能包括：战略解读；财务与战略配合；公司资源及计划的管理参与；财务资源配置管理；与业务单元的沟通。

（二）会计控制机制

CFO 需要在企业内部建立完善的财务、内部控制和内部审计体系，以确保会计风险的可控性。也有一些公司是由首席风险官负责这部分职能的。

核心技能包括：财务及会计制度管理；内部控制；内部审计与稽核。

（三）价值管理

价值管理是 CFO 的高阶技能。CFO 需要从多方面主动管理以提升公司的价值，满足公司股东的投资回报诉求。

核心技能包括：产权管理；营运资本管理；现金流量管理；经济附加值管理；新业务价值管理；并购价值管理。

（四）经营分析与绩效管理

经营分析与绩效管理是 CFO 在公司经营管理方面的核心价值，一个优秀的 CFO 是公司持续前进的重要的"推动器"。KPI（Key Performance Indicator，关键绩效指标）的设定、持续的考核跟踪、深度的经营与数字探究，能够给公司的发展注入强大的活力。

核心技能包括：KPI 体系搭建；经营分析报告；绩效考核制度搭建及奖惩执行；投入产出管理；市场对标管理；重大关键项目管理。

（五）全面预算管理

"凡事预则立，不预则废"，全面预算管理是 CFO 在资源配置方面配合企业战略落地的重要工作。当然，全面预算管理并不仅仅是财务的事情，但是需要 CFO 去承担牵头职能。

核心技能包括：经营计划管理；预算编制管理；预算执行与控制管理；预算分析；预算组织管理；预算流程管理；预算系统管理。

二、专业财务基础能力框架

（一）会计与报告管理

对 CFO 来说，会计与报告管理是必不可少的工作。当然，即使可以请会计专业人士和会计师事务所代劳，CFO 也必须懂会计。

核心技能包括：会计交易处理，以及相关流程管理；往来管理与关联交易管理；会计报告及合并管理；会计信息系统（如核算系统、合并系统等）管理；信息披露；审计流程管理。

（二）税务管理

税务管理是 CFO 的传统工作之一，世界各地的 CFO 都是绕不开税务工作的。而在中国，税务有着自己的特点。CFO 需要将税务管理当成一项既严肃又充满艺术性的工作来对待。

核心技能包括：税务政策研究；税务关系管理；税务检查配合与风险防范；税务数据管理；税务系统管理；营改增及电子发票/特定时期的特殊事项。

（三）资金管理

资金管理是 CFO 工作中的重要一环，也是对一个称职 CFO 的基本要求。从分类上看，资金管理作为财务管理工作的基本内容之一，具有一定的技术性，如果没有从事过这个领域的工作，要具备这部分专业知识是有一定难度的。

核心技能包括：资金收付管理；资金计划管理；债券融资管理；混合融资管理；股权融资管理；司库管理；外汇管理；银行关系管理；资金系统管理；流动性管理；投资管理。

（四）合规管理

合规管理对很多监管行业来说非常重要，监管机构有金融行业的中国银行保险监督管理委员会、人民银行等，上市公司的中国证券监督管理委员会等。CFO 需要很好地把握监管政策，主动、积极应对，避免因合规管理问题而给公司造成损失。

核心技能包括：监管政策研究；监管沟通及检查应对；监管信息报送；违规风险管理及违规后危机管理。

（五）管理会计

管理会计是当下各大 CFO 面对的重要课题。国内正在掀起一波管理会计体系建设的热潮，CFO 必须懂管理会计。

核心技能包括：维度体系搭建；收入分成管理；成本分摊；多维度盈利分析；作业成本管理；资金转移定价管理；风险成本和资本成本管理；管理会计数据应用（定价、

精准营销等）。

（六）成本管理

成本管理对每个企业来说都是一项十分重要的内容。对于 CFO 来说，节流要靠成本管理。

核心技能包括：成本战略体系设计；基于价值链的全成本管理；费用的前置管控；成本文化建设；最佳成本实践的形成和推广。

（七）财务风险管理

广义的风险管理领域是首席风险官的管理职责，但在财务领域，CFO 应该对财务相关风险予以高度关注，并实施有效的管理。CFO 力求创造价值，但必须牢记，风险是底线，控制好财务风险是必修课。

核心技能包括：财务操作风险管理；财务风险管理文化建设；风险控制与自我评价工具的财务应用；关键风险指标体系的财务领域搭建；重大风险事件监控。

三、业务财务基础能力框架

（一）产品财务管理

CFO 需要基于产品财务队伍，加强对以产品规划、产品研发为核心的产品全生命周期财务管理。

核心技能包括：产品规划及投资财务管理；产品研发财务管理；产品周转管理；产品质量成本管理；产品最佳财务实践管理。

（二）营销财务管理

CFO 需要通过营销财务开展对营销过程的财务管理，如合同商务管理、客户相关财务管理、销售费用管理等工作。

核心技能包括：商务合同财务管理；营销费用管理；客户信用及风险管理；竞争对手财务及经营信息管理。

（三）供应链财务管理

供应链财务人员主要从事与企业经营中供应链相关环节的业务财务支持工作。CFO 需要借助供应链财务实现对采购、生产、配送等相关业务环节的财务管理。

核心技能包括：采购财务管理；生产财务管理；库存控制管理；配送物流财务管理；分销财务管理。

（四）项目财务管理

CFO 需要关注以价值链划分的业务财务之外的另一个业务财务维度，即项目维度。项目财务是从另一个视角，与产品、销售、供应链财务进行矩阵式协同的业务财务。

核心技能包括：研发项目财务管理；市场推动项目财务管理；售前/销售项目财务管理；工程项目财务管理；实施交付项目财务管理；管理支持项目财务管理。

（五）海外财务管理

对于开拓海外市场的企业来说，CFO 还需要高度关注海外财务管理工作。

核心技能包括：国家财税政策管理；海外机构综合财务管理。

（六）业务财务一体化管理

CFO 需要始终保持对业务财务一体化的关注度和警惕性，通过加强业务财务一体化管理，实现有效的业务与财务核对管理，提升业务与财务的一致性水平。

核心技能包括：业务财务一体化的制度及流程管理；业务财务对账管理；业务财务一体化系统管理。

四、财务共享服务基础能力框架

（一）财务共享服务中心设立管理

财务共享服务在中国的发展已经数十年，如今，大中型企业已普遍将财务共享服务中心作为标配。因此，CFO 需要全面了解财务共享服务的模式，从而有效地开展建设。

核心技能包括：财务共享服务中心立项；财务共享服务中心战略规划；财务共享服

务中心建设方案设计；财务共享服务中心实施；财务共享服务中心业务移管。

（二）财务共享服务中心组织与人员管理

财务共享服务中心是一种基于大规模生产的运营管理模式，对组织和人员管理都有较高的要求，CFO应当关注财务共享服务中心的组织效率和人员的稳定性、成长性。

核心技能包括：财务共享服务中心组织职责管理；财务共享服务中心岗位及架构管理；财务共享服务中心人员招聘；财务共享服务中心人员培训及发展；财务共享服务中心人员考核；财务共享服务中心人员保留。

（三）财务共享服务中心流程管理

流程管理是财务共享服务管理的精髓，CFO应当关注财务共享服务中心端到端的流程体系建设及流程维护、持续优化，以提高流程管理的效率，降低流程管理的成本。

核心技能包括：财务共享服务中心流程体系定义；财务共享服务中心标准化流程设计；财务共享服务中心标准化流程维护和执行监控；财务共享服务中心流程持续改进。

（四）财务共享服务中心运营管理

财务共享服务中心需要通过有效地运营来创造价值，CFO需要对运营管理中的核心职能予以关注。

核心技能包括：财务共享服务中心绩效管理；财务共享准入管理；财务共享服务等级协定及定价管理；财务共享人员管理；财务共享风险与质量管理；财务共享信息系统管理。

（五）财务共享服务中心外包及众包管理

外包和众包是财务共享服务模式的延伸和补充，CFO需要关注如何做出外包、众包与共享服务之间的选择决策。同时，对外包和众包的管理也需要有特定的模式。

核心技能包括：服务模式战略管理；外包供应商选择管理；外包商交付管理；众包平台搭建；众包平台用户获取、服务及管理；外包及众包风险管理。

五、财务通用支持基础能力框架

（一）财务组织、人员管理

对于 CFO 来说，建设财务组织、培养财务队伍是责无旁贷的。因此，人力资源管理理论在财务领域的应用也是 CFO 需要掌握的知识。一个管理不好组织、团队和人员的 CFO，必然是一个不称职的 CFO。

核心技能包括：财务的分层治理机制；财务组织架构及岗位设计；财务团队及干部管理；财务人员绩效管理；财务培训及知识管理。

（二）财务信息化及智能化管理

对于现代的 CFO 来说，财务信息化和智能化管理已经是不可或缺的技能。财务的大量工作都是建立在信息系统基础之上的，因此掌握信息系统是十分必要的。而在未来，财务的大量工作还会进一步被系统取代。可以说，不懂信息系统的 CFO 在未来根本无法生存。

核心技能包括：财务信息化团队建设；财务产品设计及系统架构；财务大数据技术；财务自动化及智能化技术。

第二节 信息化背景下财务人员的择业模型

信息时代的来临，对财务人员乃至整个社会的影响是全面且深远的。在这样的环境下，财务人员的择业观也被影响着。面对未来，财务人员有三种选择——"不变"、"远离"或"拥抱"。选择本身没有对错之分，但财务人员在做出不同选择的时候，都需要给自己找到适应信息时代环境的新择业标准，这将从某种意义上改变财务人员的职业生涯。

在信息时代，财务工作不断发生改变，财务人员会不可避免地受到一定的冲击，也必须面对认知的升级。无论是高级管理人员、财务经营分析人员、预算管理人员，还是会计运营人员，都必须面对这种改变。

这也引发了不少财务人员对未来职业发展的担忧，关于"人工智能是否会取代财务人员"也成为人们热议的话题。2017年4月底，在全球移动互联网大会上，霍金认为，对于人工智能的崛起，其好坏无法确定，现在人类只能竭尽所能，确保其未来发展对人类和环境有利，人类别无选择。李开复谈人工智能时则提出："人工智能要取代50%的人的工作，在未来10～15年间，这些人怎么办？还有更重要的，教育怎么办？可以说，在信息时代，有些问题已不是我们能决定是否面对，而是只能思考如何面对。"

目前，在职场中生存的财务人员，已经难以终身只服务于一家企业。择业，本就是一件不可回避的事情，而信息时代的择业将伴随着更加困难的抉择。

一、信息时代财务人员的三种选择

在信息时代,财务人员面对整个社会的变革、新技术的挑战能做出的选择无外乎"拥抱""远离""不变"三种。

"拥抱"是一种迎接挑战的态度。尽管意识到信息时代会带来空前的挑战，但总有一些人愿意成为这场变革中的主导者和生力军。

"远离"是一种避开风险的态度。如果知道自己没有办法成为"拥抱"的那一群人，也意识到信息时代可能会促使现在的工作内容走向消亡，就应当尽早远离现在的岗位，重新规划自己的未来，找到信息时代的避风港。

"不变"是一种以静制动的态度，即在难以做出清晰判断的时候，静观其变，并在坚守中慢慢寻找自身的定位。但需要注意的是，在信息时代社会快速变化的大环境下，静守未必是好的选择，即使选择观望，也应当尽早做出适合自己的关于"拥抱"还是"远离"的判断。

二、信息时代影响财务人员选择的因素

财务人员终究要在信息时代做出选择，影响选择的因素主要包括以下四个方面：

（一）人工智能对其所处行业及公司的影响

财务人员在评估"拥抱"或"远离"时，需要关注在信息时代下所处的行业，以及行业内的公司将受到怎样的影响。在信息时代，社会各方面不断发生改变，有些行业和公司会兴起，而有些行业和公司会走向衰退。财务人员的职业发展本就依托于其所在公司的发展。当财务人员谈论信息时代的"拥抱"或"远离"策略时，第一件事就是对自己所在公司的未来做出判断。要想知道什么样的公司能够在信息时代兴起，财务人员可以读一读这方面的畅销书。

（二）人工智能对其所在环境竞争性的影响

人工智能的出现会改变所在环境的竞争格局。对于有些公司来说，信息时代的到来，有可能会让整个公司内部的竞争环境变得非常宽松，员工的焦点都在如何开展有效合作上，他们积极参与市场开拓。在这类公司中，每一个员工都会感受到自身存在的价值。在这种情况下，财务人员可以考虑采用"拥抱"的策略。而另一些公司在信息时代可能面临强大的压力，需要通过压缩成本、强化内部竞争来获得生存空间。在这样的环境中，如果不愿意忍受环境的竞争性，财务人员可以选择"远离"的策略。

（三）个人能力与信息时代要求的适合性

信息时代下，财务技能需求与传统技能需求相比有较大变化，如注重信息技术能力、建模能力、创新能力的提升等。财务人员如果期望在大力推崇智能化技术且形成了趋势性文化环境的公司内获得成功，就要客观评价自身的存量能力和增量学习能力，对自己在未来是否有能力应对更全面的技能要求有清晰的认识。能够做到这一点的财务人员可以选择"拥抱"的策略，不能做到这一点的财务人员可以选择"远离"的策略。

（四）个人对人工智能风险和挑战的喜好

与以往相比，信息时代的财务人员在择业方面会有更多的不确定性。技术的不确定性带来商业模式的不确定性，进而带来企业和行业的不确定性，这意味着存在一定风险。在这样一个充满风险和挑战的时代，财务人员选择"拥抱"还是"远离"策略，在很大程度上与其对风险和挑战的喜好有关系。

财务人员在结合上面几个因素进行综合评估后，或许能够对自己在信息时代的"拥抱""远离"做出大致的判断和选择。

三、信息时代财务人员择业的"拥抱"模型和"远离"模型

财务人员在信息时代的"拥抱"或"远离"并没有对错之分，重要的是在决定了"拥抱"或"远离"后，能有一个合适的方法做出下一步的职业选择。因此，下文要对财务人员择业的"拥抱"模型和"远离"模型展开分析。

（一）关于评估维度

1.平台

在平台这个维度，要评估择业对象是大型企业集团，还是中小型公司或创业公司。不同规模的公司创造和应用信息化技术的可能性是不同的，公司规模越大，创造和应用信息化技术的可能性就越大。

2.技术实力

在技术实力维度下，主要看一家公司在大数据、人工智能、云计算等技术能力方面是否具有显著优势。具备技术能力的公司可能有两种：一种是使用这些技术来支持自身的主业发展的大公司；另一种是以这些技术为核心的中小型公司或创业公司。总体来说，技术实力越强，在财务领域应用信息化技术的可能性就越大。

3.行业

行业这一维度关注的并不是行业在当前是否兴盛，更多的是关注行业是否能够从信息革命的浪潮中获得业务发展的技术红利。一个具备技术红利的行业必将积极主动地应用信息化技术。

4.财务交易规模

选择财务交易规模这一维度，而不选择公司业务规模的原因在于：对于财务来说，规模巨大的公司未必有大量的财务交易。对于信息化技术在财务中的应用来说，财务交易规模和财务数据量巨大才是至关重要的。

5.待遇

待遇，在这里主要指付给员工的薪酬。在择业模型中，待遇是必须谈的。待遇可以划分为高、中、低三个等级，"拥抱"和"远离"模型主要关注的是最低容忍度。

6.未来的发展

择业者要考虑的重点是现在的工作能够帮助自己未来进入怎样的公司或平台,如果和自己的职业规划是一致的,那么可以作为择业模型的加分项,否则将成为扣分项。

(二)"拥抱"模型下的选择

1.平台

选择大型企业集团,在财务实践中有更多的机会运用信息化技术。

2.技术实力

选择具有技术优势的公司,能够享受到技术红利,有利于财务人员在使用较低成本的情况下展开信息技术应用实践,也使财务信息化应用有了更早实现的可能。此外,信息化技术还可以与平台优势形成合力,进一步扩大在财务中的使用范围。

3.行业

财务人员选择进入金融、零售、通信运营等高度需要信息化技术的行业,有可能更快地接触信息化技术的应用计划。同时,这些行业对信息化技术具有更好的认同度,能够营造出良好的创新氛围。

4.财务交易规模

有大规模财务交易的行业,是财务人员更好的选择。信息化技术实践是建立在先进的数据技术之上的,没有财务的大数据技术,就没有信息化。

5.待遇

如果财务人员选择"拥抱"模型,则可能作出一些牺牲。较好的情况是获得中等待遇,更好的情况是获得高等待遇。最重要的是,即使待遇偏低,财务人员也不妨考虑一下综合收益,即虽然在短期内待遇偏低,但在未来的成长中可能有很多提升空间。在职业发展上,长期利益可能比短期利益重要。

6.未来的发展

"拥抱"模型的发展机会在于使财务人员进入更大的公司,或者财务人员自行创业,积累一笔宝贵的经验和财富。

（三）"远离"模型下的选择

1.平台

"远离"的核心诉求是规避信息化技术造成的职业风险。因此，选择中小型公司有更多的机会去逃离智能风险，这些公司轻易不会使用价格昂贵的信息化技术。

2.技术实力

财务人员需要注意，以信息化技术为主业的中小型公司或创业公司，往往不会放过任何拿自己的员工做智能实验的机会，财务人员一不小心就会成为智能实验对象。

3.行业

财务人员要绕开"拥抱"模型下的那些优选公司，如避免进入金融、零售行业。选择传统行业会相对安全一些。

4.财务交易规模

对于财务交易规模，财务人员要选择规模小的公司，这些公司的管理人员考虑的是如何通过人去解决问题，而不是用机器来替代人。

5.待遇

择业的财务人员应当积极寻求中等收入以上的职位，如果职位的收入较低，则应果断放弃。

6.未来的发展

财务人员可以选择小而全的公司，这些公司往往有不错的发展潜力，有机会快速壮大市场规模。

第三节 信息化背景下财务人员职业再规划与发展的策略

一、财务基础岗位向高级岗位转型

(一) 向管理会计转型

在信息时代下,财务机器人普及、大量财务软件上线运行,企业的财务岗位将会得到削减和整合,市场上的财务岗位总数将会逐年缩减,社会对财务从业人员的需求也会有所降低,其中受到突出影响的是从事基础核算工作的财务人员。对于这部分财务人员来说,为了不被时代发展潮流所淘汰,就需要及时更新自身的知识结构,提升自身的价值,以求适应信息时代的财务管理需求。

结合当前财务人员的基本情况和企业发展的现实需要,财务人员最理想的转型之路就是由财务会计尽快转型为管理会计。信息化背景下,企业对管理会计的需求量会与日俱增。众所周知,管理会计需要具备洞察未来和指引决策的能力、管理风险的能力,还需要具备管理信息系统和与他人合作达成组织目标的能力。管理会计要重视数据分析,明确管理数据与财务数据的区别。管理数据不同于财务数据,它是企业基础核算数据整合之后形成的,包含企业基础信息、财务数据、业务数据、业务信息等相关内容,对企业战略发展具有指导意义。

(二) 向国际会计转型

在信息化背景下,大中型企业和跨国企业的业务范围和投资领域将会再次扩展,更多的企业将会走出国门,与其他国家和地区的市场主体开展广泛而深入的合作。因此,财务人员要具备广阔的国际视野,不仅要了解投资目的地的政策法规和风土人情,还要了解和掌握投资目的地的财政税收情况和会计核算、利润分配、投资收益分配、税收返还、优惠政策等多个方面的专业知识,从财务管理和成本控制的角度为企业发展提供必要的技术和财务支持。从全球化发展的角度分析,财务行业的发展越来越国际化,需要财务人员具备一定的国际管理能力,如商务英语理解与沟通能力、职业判断与决策能力、风险控制能力及管理能力。英文水平比较高的财务人员可以参加一些与国际税法相关的培训课程，系统地学习国际税法。具备专业的财务知识和技能、拥有较高的英语运用能力、精通国内和国际税法的财务人员将是顺应未来发展趋势的财务人才。

二、财务人员自觉提高职业胜任能力

（一）加强人际沟通

要想在工作上取得成就，实现自己的职业规划，仅仅有硬实力还不够，还需要足够的软实力，即良好的人际沟通交流能力。在企业内部实现良好沟通，可以提高员工工作效率，营造良好的工作氛围，使员工友好相处，更加精诚团结、密切合作。财务人员通过与上级和同事的交流沟通，可以进一步了解自身的不足，并不断完善自我。

（二）充分利用职业再培训提高自身能力

财务人员要利用业余时间参加财务专业培训，考取财务职称证书，要抓住每个学习和培训的机会，努力增加自己的职业知识积累，提高职业技能。随着财务行业政策、制度、技术、方法的不断更新，财务人员在履行基础岗位职责的前提下，必须不断学习，通过多种渠道，丰富自己的知识，提高各项工作技能，使自己的知识和能力能够应对不断变化的环境，进行动态的职业规划，合理利用财务资源和创新管理机制。

（三）培养全局观念和战略规划能力

财务人员既要了解财务专业知识，也要熟悉企业的经营业务，了解所在企业的行业类型及特点，对企业进行业务流程再造和资源整合。财务人员还要提高自己的控制能力和职业判断能力，对未来的业务做出合理的分析和判断。身处企业相对独立的部门，财务人员必须站在全局的角度，客观公正地看待所有的经营问题，不仅要关注财务报告数据，还应结合宏观经济和行业形势，从更广阔的视野和更长远的角度来分析决策，使资源配置更加合理。此外，财务人员还应培养战略规划能力，财务工作应该围绕企业目标，服务于企业的战略。

（四）培养独立分析的能力和风险管理意识

财务人员要充分利用财务专业知识对企业进行风险控制，通过分析财务数据，洞察企业可能存在的经营风险和财务风险。财务人员需要从业务的角度来探讨项目的可行性，并在事前评估项目的可行性，分析企业的业务发展趋势和相应的资源配置问题。在发展到一定规模和水平的一些企业中，业务非常复杂，审批流程非常烦琐，为了使企业中的审批流程更加顺畅便捷，管理需求与财务控制之间需要达到一个平衡。因为如果设定一个烦琐的审批流程，审批工作的效率就会降低，但是如果审批过程过于简单，风险监控就可能出现漏洞。这就要求财务人员自觉熟悉整个过程和状态，设计和优化各系统的关联性，预先评估风险和漏洞管理，实施有效的控制措施，提高审批系统的效率，优化企业流程。

三、财务人员主动拓展职业发展类型

（一）向投融资岗位转型

企业在发展过程中，往往涉及投融资相关业务，而财务人员是企业的核心人员，熟悉企业经营情况，在投融资方面拥有一定的建议权。财务人员可以从企业会计准则、证券金融、财务管理、内部控制、经济热点等方面入手，努力加强对宏观经济学、金融学、市场营销学等相关领域知识的研究，加深自己对投融资工作的理解，不断提高自己的投融资能力，由原来的会计专业人才向企业投融资管理型人才转变。

（二）向企业投资人转型

财务人员可以充分利用各种资源和平台，学习与创业相关的知识，有意识地参加一些与目标行业相关的培训课程，了解目标行业的信息，不断为自己创业打下基础。财务人员还要培养自己良好的心理素质，培养自己独立思考的能力和独立行动的好习惯，并充分认识自己的知识结构，制订适合自己的发展计划和目标，为实现目标而不断努力。

（三）向职业经理人转型

财务人员在熟悉企业工作的前提下，可以利用业余时间参加工商管理培训课程，充分学习管理学相关课程的内容并掌握与职位相关的工作技巧。财务人员还可以学习心理学，拓宽知识面；学会分析企业和整个行业的发展趋势，随时关注国家的宏观经济政策；不断提高英语水平，更新自己的知识，在工作和学习中快速成长，为向职业经理人转型做好准备。

（四）向人工智能的线下管理者转型

在知识更新换代不断加快的时代，财务工作也处于不断变化的状态。因此，财务人员不仅要掌握基本的理论知识，还需要通过多渠道学习新科技知识和技能，迎接人工智能带来的新挑战，学习和掌握人工智能相关技术，将财务专业知识与人工智能技术相结合，辅助人工智能系统开发和升级，更高效地履行财务人员的工作职能。

（五）尝试跨领域发展转型

财务人员要突破财务专业的局限，接受跨专业的转型和学习，拓展职业发展空间，通过不同专业之间的交流学习，增强对自己职业生涯发展方向的认知。财务人员可以根据自己的兴趣爱好和工作经历，选择从事销售、技术、人力资源等工作。

四、财务人员应加快打造自身软实力

（一）加快成长为复合型人才

信息化背景下，企业财务人员面临的失业风险将会大大增加，工作流程的简化和工作强度的逐步降低使财务人员不得不主动参与企业经济事项决策，并为决策人员提供专业性的财务意见和建议。财务人员可以在税收筹划、投资方案拟定、内部控制、风险指引和防控措施制定、收入预测、投融资决策等方面，依靠自身的专业知识，切实提升资本运作能力和资金管理水平。

以专业财务人员的视角参与企业经济事项决策，加快成长为复合型人才，成为当前财务人员的现实所需，也是信息时代企业发展的必然选择。财务人员不但要掌握更多的财经理论知识，而且要在实际操作过程中将理论与实践相结合，用理论指导实践，依靠分析提炼的财务数据，分析和总结企业应当采取的财务管理措施、战略性业务拓展措施和会计核算政策。

（二）掌握必要的大数据管理和集权化财务管理知识

信息化背景下，市场竞争将会更加激烈，企业对财务人员的要求将会一再提高，在账务处理全程自动化的基础上，财务分析与决策的精准化、智能化是企业发展的必然需求，这些都需要充分依托大数据分析。因此，财务人员需要掌握必要的大数据管理的相关知识，能够在庞杂的基础数据中提炼出企业发展所需的财务数据，进而制定出适合企业发展的财务政策。

在信息时代，传统的会计岗位将会大大缩减，企业财务管理将会更加集权，实现信息共享和财务处理规范化、标准化、便捷化。财务人员除了需要学好财务相关知识外，还需要不断拓宽自己的视野，努力提升自己综合运用知识的能力，重视人际关系的培养，发挥工作主动性和积极性，充分利用各种机会锻炼自己，积累丰富的工作经验，为以后的职业生涯发展打下坚实的基础。在信息时代，只有通过对数据的分析，了解数据背后的信息，才能将其转化为对企业有用的经营决策。财务人员要将互联网和财务工作相结合，用财务专业思维分析和思考问题，主动分析经济形势，积极顺应社会发展形势，转变自身职能，提高自己的核心竞争力，不断提升自身素质。

除了上述措施，企业也需要参与财务人员的职业生涯规划，不断完善人力资源管理相关制度，与财务人员建立良好的沟通渠道；加强对财务人员的职业指导和辅导，提高财务人员的工作效率；建立财务人员职业生涯管理体系、职业生涯管理保障体系，并统一管理职业生涯管理体系实施过程；把财务人员个人的职业生涯规划作为企业战略发展的一个重要组成部分，协调个人职业目标和组织发展目标，使其共同发展，以形成更有凝聚力的企业合作伙伴关系，更有效地调动财务人员的工作积极性；从以人为本的角度出发，关注财务人员职业发展诉求，拓展其职业发展空间，满足其不同阶段的需求，使财务人员的岗位能力和价值得到更好的发挥；指导财务人员全面系统地掌握专业管理知识，并积极扩大和培训运行管理、风险控制等相关业务，从理论知识、管理要点、协调实践等多个维度出发，提高财务人员对企业风险和经营业务的全面理解能力。

第七章 信息化背景下财务会计数据分析

第一节 财务会计数据处理与分析

近年来,随着我国社会主义市场经济的不断发展和经济管理体系的不断完善,企业数量不断增多,市场规模逐渐扩大。财务工作者作为企业的核心人员,其工作质量和工作效率在一定程度上对企业的发展具有直接影响。在当前激烈的市场竞争环境下,为保证企业的长期稳定发展,财务工作者需要从海量的数据信息中提取企业所需的准确可靠的会计信息,因此,提高财务会计数据分析能力,保证数据结果的准确性和科学性,对企业的发展至关重要。

一、会计信息与财务会计数据

数据是指从不同的来源和渠道取得的原始资料。一般来说,数据还不能作为人们判断并得出结论的可靠依据。数据包括数字数据与非数字数据。在会计工作中,从不同的来源、渠道取得的各种原始会计资料,被称为财务会计数据,比如某日仓库的进货量和金额、某日某零件的生产量等。通常情况下,财务会计数据反映的各种内容,体现在对外会计报表中。

会计信息与财务会计数据是两个紧密联系而又有区别的概念。会计信息是通过对财务会计数据的处理而产生的,财务会计数据只有按照一定的要求或需要加工处理,生成会计信息后才能满足管理者的需要,为管理者所用。有的财务会计数据对一些管理者来说是会计信息,对另一些管理者来说则需对其进一步加工处理,才能使之成为会计信息。

例如，某车间某月某部件的成本资料，对车间的管理员来说是会计信息，但对企业领导来说，仅是财务会计数据。

二、财务会计数据处理

（一）数据的处理

数据处理是对数据进行各种计算、逻辑分析、归纳汇总，使之转化为有用的信息的过程。数据处理方法因所处理的对象与所要达到的目标不同而千差万别。数据的处理方法一般有变换、排序、核对、合并、更新、抽出、分解、生成八种。这八种操作是数据处理中基本的加工操作。现代数据处理系统已经引入了各种技术手段，如采用预测技术、模拟技术等，对数据进行更高水平的加工。

（二）财务会计数据的处理

财务会计数据处理是指对财务会计数据进行加工，生成管理所需的会计信息的过程，一般要经过采集、录入、传输、加工、存储、输出等环节。财务会计数据处理不仅包括为了提供对外报表而开展的一系列记账、算账、报账等工作，还包括在此基础上为提供控制、预测、决策所需会计资料而进行的进一步的处理工作。财务会计数据处理是会计工作的重要内容之一，是进行其他会计工作和管理工作的基础。财务会计数据处理有手工处理、半手工处理、机械化处理、电子计算机处理四种方式。其中，电子计算机处理是指应用电子计算机技术处理财务会计数据。

（三）财务会计数据处理的特点

财务会计数据处理具有如下特点：

第一，数据来源广泛，连续性强，数据量大，存储周期长，类型较为复杂，输入时要通过严格的审核。

第二，要求所处理的财务会计数据准确性高。

第三，信息输出频繁且信息量大，输出形式多种多样。

第四，环节较多，处理步骤定期重复进行，处理过程必须符合会计制度和法律法规要求，并方便审计。

第五，各种证、账、表，要作为会计档案长期保存，以方便查找。

第六，对财务会计数据处理的安全性、保密性要求高。

第七，处理的结果不仅要满足企业对外报表的需要，还应当满足其他信息需求者的要求。

三、财务会计数据分析

财务会计工作的目的之一是提供决策用的财务会计信息。而财务会计数据分析的主要目标有三个方面，即分析公司的获利能力、分析公司的财务状况和偿债能力、分析公司的筹资能力和投资的合理性。

（一）财务会计数据分析的含义和原则

财务会计数据分析，是运用财务报表的有关数据对企业过去的财务情况、经营成果及未来前景的一种评价。财务会计数据分析的主要内容是会计报表分析、财务比率分析和预算分析。

不论是静态的资产负债表，还是动态的利润表和现金流量表，它们所提供的有关财务状况和经营成果的信息都是历史性的描述。尽管过去的信息是进行决策的主要依据之一，但过去未必能代表现在和将来。因此，财务报表上所列出的各类项目的金额，如果孤立起来看是没有太大意义的，其必须与其他金额相关联或相比较才能成为有意义的信息，供决策者使用。而这些正是财务数据分析所要解决的问题。

对众多信息资料收集、整理、加工，形成有用的分析结论，在手工会计条件下是难以全面展开的，而财务分析软件解决了这一问题。财务分析软件一般都设置了绝对数额分析、定基分析、对比分析、环比分析、结构分析和趋势分析等功能，提供了经营者、债权人、投资者等多角度的分段报表选择和数据资源的共享功能，以及计划情况分析。利用财务分析软件，财务会计人员能轻松地完成对财务会计数据的加工工作，及时、迅速、准确地获取有用的信息，为决策提供正确、客观的依据。财务会计数据分析的基本原则是趋势（动态）分析和比值（静态）分析相结合，数量（金额）分析与质量分析相结合，获利能力分析和财务状况分析相结合，分析过去与预测未来相结合。

（二）财务会计数据分析的基本方法

财务会计数据分析的方法灵活多样，根据分析对象、企业实际情况和分析者的不同会采用不同的分析方法，下面介绍几种常用的分析方法：

1.趋势分析法

趋势分析法是根据一个企业连续数期的财务报表，比较各期的有关项目金额，以揭示当期财务状况和经营成果增减变化及其趋势的一种方法。趋势分析可以制作统计图表，以观察变化趋势。趋势分析的具体方法如下：

第一，比较各项目前后期的增减方向和幅度。先比较前后期各项目的绝对金额，求出增或减的差额，再将所求差额除以前期绝对额，求出增或减的百分比，以说明其变化的程度。

第二，求出各项目在总体中所占的比重（百分比），如利润表中以销货净额为总体（100%），资产负债表中分别以资产总额和权益总额为总体（100%）。比较利润表的分析及比较资产负债表的分析，都使用趋势分析法。

2.比率分析法

比率分析法是在同一张财务报表的不同项目之间、不同类别之间，或在两张不同财务报表之间，如资产负债表和利润表的有关项目之间，用比率来反映它们的相互关系，以便从中发现企业经营管理中存在的问题，并据此评价企业财务状况。

分析财务报表所使用的比率，以及对同一比率的解释和评价，根据分析资料的使用者的着眼点、目标和用途不同而不同。

3.构成分析法

构成分析法是以报表或账簿上某一关键项目作为基数，计算其构成因素所占项目的百分比。

4.比较分析法

比较分析法是通过对经济指标在数据上的比较，来揭示经济指标之间数量关系和差异的一种分析方法。主要有绝对数分析法、定基分析法、环比分析法三种形式。

第二节 财务会计数据的综合利用

在现代企业中,财务会计工作是一项重要的管理工作,财务部门是管理信息的主要来源之一,会计信息系统提供的信息量占企业全部信息量的70%左右,企业会计信息化系统的建立和会计核算软件的使用,使财务会计工作发生了质的变化,从会计凭证填制与生成、账簿登记、报表生成到内部控制都发生了深刻的变化,并产生了丰富的财务会计数据。如何综合利用这些数据,使之在企业管理、经营、分析、预测和决策中发挥更有效的作用,是企业管理者共同关心的问题,也是财务会计软件发展的趋势之一。计算机引入财务会计工作中,大大加深与拓宽了财务会计数据的利用深度和广度,减轻了财务会计人员的核算工作量,从而为财务会计数据的综合利用提供了技术保证。综合利用财务会计数据的途径如下:

一、综合利用财务会计软件本身提供的数据处理功能

商品化财务会计软件或者自行开发的财务会计软件一般都有以下几种功能:

第一,财务会计业务处理功能。包括财务会计数据输入、财务会计数据处理、财务会计数据输出。

第二,系统控制功能。包括数据完整性、可靠性、安全性控制,保留足够的审计线索。

第三,系统操作的简便性和容错性。包括系统的菜单或者对话框应该符合日常的会计核算流程,任何操作都应该有必要的提示,对误操作应该有警告和提示信息。

第四,系统的可移植性。即应满足硬件和操作系统的升级需要。例如,某财务管理软件由财务、购销存和决策三部分组成,各部分相对独立,其功能可以满足用户的基本管理需要,并且能融会贯通,有机地结合为整体应用,因而能进一步地满足用户全面经营管理的需要。

二、利用财务会计软件本身的开放接口

财务会计信息系统内各子系统之间都有数据接口，用以传递子系统内部的信息。这种数据传递通常是根据事先设计好的数据模式，通过计算机，按照模式定义，自动采集、加工、处理数据，最后生成传递的数据，并输入系统间的数据接口或加载到另一个系统中。然而，在实际业务中，用户对软件的使用和对信息的需求，可能与软件开发设计初衷不符，不同的用户对数据具有不同的需求。许多财务会计软件提供将所有的账簿、报表数据转换成电子表格及文本文件等格式的功能，提供直接通过从数据库在线管理系统获取数据的功能。这样，一方面有利于用户进行系统的二次开发，另一方面使得财务会计软件更易与第三方软件结合，充分利用信息资源。例如，某财务管理软件可以借助系统自由表的链接与嵌入功能，在一个应用程序的文档中包含另一个应用程序创建的信息，如在自由表中插入电子表格和文档等支持链接与嵌入功能的程序。

三、利用财务会计数据分析模块

财务会计数据分析以企业财务报表和其他资料为依据和起点，采用一定的方法，系统分析和评价企业的过去和现在的经营成果、财务状况及其变动，目的是了解过去、预测未来，提供企业的辅助决策信息。

目前，大多数财务会计软件都设计了财务会计数据分析模块，其提供的分析功能主要有财务指标分析、标准指标分析、理想指标分析、多期报表分析，还有变动百分比、结构百分比、定基百分比、财务状况综合评价，以及营利能力、偿债能力、成长能力等指标分析，分析的结果以报表或图形的方式直观地展现给用户。有些软件还提供现金收支分析功能，向用户提供现金收支表、现金收支增减表、现金收支结构表等信息。

利用财务会计软件分析财务会计数据时，首先，要进行一定的初始化操作，用来设定一些基本的分析项目和指标；然后，指定指标数据的分析日期及比较日期等时间信息，就可得到相应的分析内容。

（一）财务比率的初始化

财务比率指标的数据来源于企业总账系统，初始化的作用在于选定本企业需要分析

的具体财务指标，以使指标分析更简洁、清楚地反映分析者的意愿。

操作时，用鼠标双击系统主界面中的初始指标，显示分析指标项目，然后选定具体需要分析的指标，单击某一指标的比率名称完成操作。

（二）分析日期与比较日期的选择

在财务分析模块中，双击系统主界面中的"指标分析"，从弹出的"基本指标分析"对话框中，选择分析日期与比较日期。分析日期可以按月、季、年进行选择；比较日期有"本年年初"与"任一期"两种选择。在系统中，可以同时选中，也可以只选其中之一。选定"任一期"作为比较日期，即用选定分析日期的指标与将要比较的某年度中的某一期进行对比。

四、利用辅助账管理

手工会计条件下，会计核算方法遵循会计准则和会计制度的要求，按照一个会计核算期内，在初始建账时所设置的会计科目体系结构，对数据逐级汇总核算。若想按管理所需要的核算模式做特殊的会计数据处理，在手工会计条件下难以实现。会计电算化后，辅助账管理功能的引入，有效地解决了上述问题。辅助账的"专项核算""台账"等功能，是按照分析核算和会计信息重组的思路进行设置，即在日常所设置的会计科目结构体系进行常规会计核算的基础上，由用户根据自己的管理需要，进行"任意"地组合，完成账务数据的交叉汇总、分析和统计，生成不同科目结构的会计核算数据，从而达到多角度分析财务会计数据的目的，如根据企业的商品、部门、人员、地区、项目等进行专项处理，则可获得有关的财务信息。

将多种辅助账簿，如"专项核算"和"台账"结合在一起，组合为"专项核算台账"，则可实现对某核算项目的信息多方位、即时的数据查询，再利用报表功能将辅助账信息进行重组，以表格或图形的方式提供给用户，则更能实现对数据的综合利用。

第三节 财务会计软件中数据的获取

财务分析的对象是财务会计数据，如何从财务会计软件中获得所需的数据，以及如何从不同角度获取数据是进行财务会计数据分析的前提。手工会计背景下，财务会计数据存放在凭证、账簿和报表等纸介质之中，因此，获取财务会计数据只能靠人工摘录、抄写和复制。会计信息化后，传统的会计的数据处理方式、存储方式、输出方式发生了根本性变化，它可以根据企业管理、分析、预测、决策的各种需要，做到及时、准确地提供丰富的数据源和复杂的计算结果。

一、财务会计数据源分析

根据财务会计数据存放介质和范围的不同，财务会计数据源可以分为以下几种：

（一）手工财务会计数据源

各企业和行政事业单位在开展信息化时，不可能一开始就建立完整的信息化核算系统，往往是从账务处理、会计报表子系统开始，逐渐向其他子系统扩展。因此，在信息化工作起始阶段，财务会计数据不能全部都从信息化核算系统内获得，有些数据仍需从手工账簿中获取。

（二）单机环境下的数据源

对于小型企业来讲，财务会计核算往往在单机中完成。大部分数据存放于本地计算机内，且数据不能共享，获取数据时，须借助数据存储介质。

（三）局域网环境下的数据源

越来越多的企业和行政事业单位，逐渐建立起基于局域网环境下的计算机会计信息系统。在局域网环境中，财务会计核算工作是在若干个工作站和网络服务器构成的局域网络环境中开展的，财务会计数据保存在本地的网络服务器中，各企业和行政事业单位内部可实现数据资源共享。

(四)广域网环境下的数据源

随着全球以国际互联网为中心的计算机网络时代的到来,一些大型企业、集团公司、跨国公司纷纷建立广域网环境。在广域网环境下,不仅能够即时提供集团公司内部的财务会计数据,而且还能提供丰富的外部信息,不少财务会计软件已推出了具有网络功能的远程查询系统,供使用者访问不同地区的多种数据源。

(五)辅助数据源

财务分析时除需要会计信息之外,还需要其他的辅助信息,如市场信息、金融信息、政策信息等,另外还需从其他管理系统中,如生产管理系统、物料管理系统、人事管理系统中获取信息。

二、从财务会计信息源中获取信息的途径

(一)一次输入、多次使用

财务会计软件的设计者充分考虑了数据的共享和重复使用,因而所有的财务会计数据在一次录入后,均可多次重复使用。例如,采购单录入后,可直接生成凭证,并转入财务处理子系统;成本费用可以在成本核算中录入,成本计算后再通过凭证自动生成,引入财务处理子系统,从而为财务会计数据分析模块提供数据源。

(二)查询录入

查询录入是指管理者查询和阅读获取数据后,通过人工录入的方式将相关数据存入会计管理系统的数据分析文件中。对于没有完全实现信息化建设的行政事业单位而言,这一方式是必不可少的。例如,某行政事业单位没有使用固定资产核算模块,若要分析与固定资产有关的数据,就必须从手工账中查阅该信息后,将其录入计算机。

(三)机内取数

运用财务会计软件或其他计算机应用软件所提供的取数工具,直接从存储于机内的

账务、报表等模块中读取或生成所需的财务分析数据。

（四）利用数据库本身提供的数据转出

各种大型数据库都提供了导出功能，可以将指定的数据以指定的文件格式转出，不同数据库的转出功能可以参看相应的数据库管理手册。有些软件中提供了"查询数据转出"功能，可以直接将查询的数据导出，提供给财务会计数据分析模块使用。

（五）读取存于机外存储介质中的数据

机外存储介质可用来存放会计数据源和辅助数据源文件。财务会计软件可自动从这些介质上直接获取数据，并将数据存放在财务会计数据分析模型中。这种方式适用于单机之间数据的传递。例如，某集团公司欲从各销售网点中获取有关销售数据，各网点独立运行单机的销售软件，这时就要求各销售网点将装有销售数据的存储介质送到总公司，由计算机完成数据的读取工作。

（六）网络传送

在局域网络环境中，不同的财务会计数据（如账务数据、材料核算数据、固定资产核算数据、成本核算数据等）是由不同的子系统产生的，但最终都存放在服务器上，此时财务会计数据分析系统可自动从网络服务器上直接获取数据。

对于采用广域网络环境的企业来说，各分公司、子公司或基层单位的会计业务处理工作都在不同城市的计算机中完成，并存放在当地计算机或服务器中。总公司、母公司或上级单位所需的财务管理与决策数据来自下属单位，因此各分公司、子公司或下属单位应定期（一天、五天或十天）利用远程通信工具，通过互联网，向其上级单位报送财务会计数据。上级单位在收到所属单位传送的财务会计数据后，便可由财务会计数据分析系统自动从主网络服务器上或本地硬盘中直接获取数据。

第四节 大数据与财务会计核算

随着云计算时代的到来，大数据被广泛应用于多个行业，大数据和云计算技术具有快速处理和分析数据等优势，在互联网时代为各行各业的发展提供了有力的技术支撑。会计核算主要是记录、核算、反映和分析资金在企业经济活动中的变动过程及其结果。会计核算是一门对数据分析和处理要求很高的工作，引入大数据财务运算技术，能够提高会计核算工作的数据处理效率和质量。一般情况下，大数据的财务运算技术主要以云计算为依托，通过复式记账的方法来处理财务。现阶段企业的财务数据信息主要建立在云服务器的数据库上。

一、大数据的定义

大数据是随着互联网技术的发展而出现的新名词，它是指数据的规模巨大到无法利用现行的软件，在一定的时间内完成数据抓取、处理、分析和转化的有用数据集合。大数据是一个较为广泛的概念，它的应用范围也比较广。当前大数据主要涵盖两种或两种以上的数据形式，企业在使用大数据进行数据分析的同时，能够从中寻找自己想要的信息或内容，一些企业还能够通过大数据，分析用户的行为习惯和特点，并将分析的报告作为企业下一阶段产品设计、生产及广告投放的基础。例如，通过大数据可以调查用户对某一产品的兴趣度，可以分析用户的年龄、性别及喜好等，可作为市场调查的有力依据。大数据能够高效率、低成本地收集不同容量和频率的信息，因此具有成本优势。

二、大数据对会计核算的影响分析

大数据对企业的很多方面都产生了非常深刻的影响，在会计核算方面也不例外。因此，从这个角度来说，分析大数据对会计核算的影响具有十分重要的意义。

（一）影响了会计核算数据的真实性

在实际的会计核算过程中，核算的数据必须是真实的，大数据本身包含的数据具有类型丰富、种类多样的特征，另外大数据的来源异常多，其中所包含的数据必定存在不真实的，这就需要会计核算人员检验大数据的真实性后再将其应用于实际的会计核算过程中。

随着大数据在人们生活中的广泛应用，很多行业应用大数据时，更多的是看重它的实效性，即能够给这个行业的发展带来什么实际的效用和价值。在会计核算中也是如此，越来越重视大数据的实效性。通过对数据实效性的关注，会计核算人员能够对收集到的数据信息做出相应的预测，同时通过分析信息，预测企业未来的发展方向。但这样就对数据的真实性关注得少了，当前会计核算工作就是在这样的矛盾中进行的。另外，在传统模式中，会计核算人员分析更多的是结构化数据，而不会过多关注非结构化数据。但是在大数据环境下，会计核算人员开始越来越多地关注非结构化数据，这对会计核算人员的工作模式是有非常大的影响的。在现在的工作模式下，会计核算人员需要融合两种类型的数据，提升自身的信息处理水平。

（二）有利于企业的风险评估

大数据技术的应用能够使企业关注自身在市场竞争中的地位和形象，了解自身的发展概况，从而能够深入企业的发展规划中，评估企业将面对的风险，使企业能够在信息全球化的形势下立足。风险评估是企业根据自身的发展经历和发展现状，考察外部的市场环境和发展趋势，评估未来的发展态势和前景。

（三）提高了财务信息的整理和传送效率

企业会计工作应准确和及时地完成，在企业的业务活动结束以后，会计人员需要整合财务信息，使这些信息能够直接或间接地传送到指定的位置。企业在大数据的影响下能够及时地了解相关数据内容，并确保数据的时效性，提高了财务信息的整理效率，让财务信息更加清晰有序。

（四）使企业会计信息更易被理解

由于工作的原因，企业的会计信息有时需要对外披露，传统的会计信息，非专业的人士较难看懂。而经过大数据计算分析以后的会计核算信息，用户能够快速浏览并掌握其中的重点和精华，也可以快速地找到自己想要了解的信息和内容，这使得会计信息的内容更容易被人所理解。

（五）加深了市场化程度

会计核算工作在以往的发展中，由于其形式是静态的，所以很难满足日益变化的互联网市场竞争需要。大数据技术的应用使得会计核算工作及效果呈现转移到手机终端或电脑终端，用户能够观测动态的内容，并能够随时查阅和浏览其中的内容，这加深了会计核算工作的市场化程度。

（六）加速了企业的资金周转

大数据技术的应用依托于互联网技术，而互联网技术的第三方支付平台让资金的流动速度加快。当前企业的资金实际流动状况，可以通过大数据的报告体现出来，企业的财务报告可以将分析的数据结果展现在投资方面前。依托于互联网的多种技术，企业资金的运转速度加快。

综上所述，大数据的发展和应用给会计核算工作带来的影响是有利有弊的。在实际的会计核算工作中，大数据的应用应在满足用户服务的基础上实现。大数据能够为企业自身的发展服务，帮助企业在激烈的市场竞争中找到立足之地，顺应时代发展的潮流。会计核算对数据的精准度及真实性要求高，大数据在这方面的数据分析具有一定的模糊性，不能完全取代传统的会计核算模式，但是大数据自身的优势可以为会计核算工作所用，如财务数据信息的整理与传送等，能够帮助会计工作者提升工作的效率。会计人员需要与时俱进，不断提升自身的能力素质和水平，学会利用大数据技术来开展会计核算工作，为企业创造更多的经济价值。

第八章 信息化背景下财务会计管理的实践应用

第一节 ERP 系统在财务会计管理中的应用

随着科学技术的发展，我国企业面临的市场竞争越来越激烈，想要在严峻的市场环境下获得更好的发展，企业管理者必须开始加强对内部管理的重视，通过提升内部管理水平来保证企业的市场竞争优势。ERP 系统是目前非常重要的企业内部管理信息系统，对于强化企业内部管理水平具有非常重要的意义，甚至会影响企业的整体经营效益，因此 ERP 系统在企业中的应用范围不断地扩大。下面就针对 ERP 系统在企业财务会计管理中的应用进行深入研究与分析，为企业提升财务会计管理水平提供参考。

ERP 系统能够从整体上掌握企业的经营状态，并且保存企业经营过程中产生的相关数据，这些数据能够在 ERP 系统中被随时调取。因此，企业在编制财务预算的时候可以利用 ERP 系统中的历史数据，对企业未来一段时间内的财务情况加以预测，保证企业财务预算的准确性与科学性，提升企业财务预算水平。但是在 ERP 系统中，无法明确地表示什么时候进行会计确认。ERP 系统中，财务行为都是在系统中完成的，因此没有真实的票据来完成会计的确认与处理，这就增加了企业会计确认的难度。财务会计人员无法确定会计确认的时间点，就会导致企业的会计确认情况非常混乱，从而影响企业会计计量工作的顺利开展。

一、ERP 系统分析

ERP 系统是在信息技术发展的前提下，企业利用信息技术对企业进行系统化管理，提高企业管理效率，保证企业决策层的管理、决策方案更加科学合理。

ERP系统是一个非常全面的信息管理系统，它跳出了传统的系统管理模式，从供应链的角度去优化企业的资源，这对于提升企业的整体经济效益，提高企业的管理水平具有非常重要的意义。

（一）ERP系统与企业财务信息结合的重要意义

1.提高财务会计管理水平

ERP系统与企业财务信息结合，能够更好地保证企业财务会计管理水平的提升，为ERP系统在企业中的应用奠定良好的基础。只有将ERP系统与企业财务信息有机结合在一起，才能保证企业的ERP系统是符合企业经营发展需要的，ERP系统的作用才能充分地发挥出来，这对提升企业财务会计管理水平及经济效益具有积极意义。

2.转变财务会计人员工作重点

通过应用ERP系统，企业内部的会计核算工作的性质发生了很大的改变，可以让企业内部的财务会计人员从繁重的核算工作中解脱出来，转变财务会计人员工作重点，开始重视财务预算对企业管理者分析决策的作用。因此，财务会计人员只需要把相关的数据导入企业资源计划的系统中，就可以根据自己的需要精准获取各种财务会计数据，财务会计人员的主要工作就是针对数据进行分析，最终保证财务决策的准确性。

3.监管资金流动及企业运营情况

通过应用ERP系统，企业的管理者可以及时掌握资金的流动情况，及时发现企业运营中存在的问题，提前做好充分的准备工作。应用ERP系统时，财务会计管理人员如果发现企业面临资金困难，应该提前规划，具有资金管理的前瞻性。

通过对资金流动情况的监督与管理，企业的现金管理水平及资金使用效率也能够获得一定的提升，这对企业长期稳定的发展具有非常积极的意义。

（二）企业在应用ERP系统时的风险

1.增加企业会计核算量

ERP系统是一个非常全面的信息管理系统，在这个系统中，储存着与企业相关的多种信息。企业财务会计人员在工作中，可以参考企业运营及发展过程中的各种信息，分析相关信息，全面了解企业的经营情况。随着ERP系统的应用，企业财务数据不断增加，财务会计人员的核算工作量也不断增加，会计核算风险也随之增加，这对提高财务会计工作质量会产生不利影响。

2.导致财务报告信息失真

企业应用 ERP 系统能够加强管理者与普通员工对企业经营情况的了解，增强企业财务信息的全面性，提高财务信息质量，对企业发展具有非常积极的意义。ERP 系统能够加强企业内各个部门之间的联系，促进各个部门员工之间的沟通，保证企业各部门在工作中能够更加和谐地团结在一起，一切以实现企业的发展战略为根本目标，为企业更好地发展奠定良好的基础。

由于部分财务会计人员的信息分析水平差异较大，有时无法从企业资源计划的系统中提取准确的财务数据，企业会计报告信息失真，无法准确地反映企业的经营情况，影响了企业会计报告的信息质量，造成企业的损失。

二、应用 ERP 系统提升财务会计水平

（一）提高财务会计人员应用大数据技术的能力

应用 ERP 系统后，企业的财务会计管理工作量大增。

首先，必须提升财务会计人员的专业素养与工作效率，保证企业内部的财务会计人员能够很好地满足 ERP 系统对企业财务会计的工作要求。

其次，为了提高企业整体的运作效率，保证大量的数据信息得到准确、快速核算，企业应该加强大数据技术的应用，通过大数据技术来提高企业财务会计人员的财务数据处理速度，保证财务会计人员能够在规定的时间内完成数据处理，在能够提高工作效率的同时还能提高工作的质量，为企业的发展奠定坚实的基础。

最后，为了将大数据技术充分地应用到企业的财务会计工作中，企业还应该提升财务会计人员的综合素养，财务会计人员不仅要掌握专业知识，还要提高应用大数据等信息技术的能力。

通过提高财务会计人员应用大数据技术的能力，保证大数据技术提高企业的会计核算水平与核算效率。

（二）加强对财务会计信息质量的监督与管理

企业想要提高财务会计信息质量，保证财务报告信息的真实有效，应设置专门的监

督管理机构，对财务会计信息进行监督管理。为了保证财务会计信息的监督管理效果，在应用 ERP 系统时，企业应该不断创新监督管理方法；在应用 ERP 系统后，企业各部门之间应及时沟通与交流。各部门的员工都能通过该系统对企业的运营情况进行了解，也就能够理解企业管理者做出相关决策的原因，这有效地保证了部门之间的沟通与合作，减少了部门之间的矛盾，对企业战略目标的实现起到了积极的推动作用。因此，在应用 ERP 系统时，企业应该提倡全员监督，增强监督管理的效果。

可以看到，在激烈的市场竞争环境中，企业要想获得更好的发展，不断地提升内部管理水平，就要加强 ERP 系统的应用。企业在运用 ERP 系统的同时不断改善经营方式，不断提高财务会计人员的专业技能水平，并加强对财务会计信息的监督管理，可以为其提升经营效益、保证持续发展奠定坚实的基础。

第二节 中小企业的财务会计管理

随着经济的发展与社会的进步，中小企业面临市场压力的同时也承担着企业之间的竞争压力。为提高企业的竞争力，完善财务会计管理十分重要。下面就中小企业财务会计管理工作中存在的问题进行探究，并针对其中的问题提出相应的解决措施。

一、中小企业财务会计管理中存在的问题

（一）中小企业的风险管理意识薄弱

中小企业的规模一般比较小，涉及的经营项目种类一般也比较少，资金量及管理能力相对于大型企业而言较为不足。按常理来说，中小企业的经营范围较为狭小，涉及的风险应该也较小，应该具备一定的风险控制及解决的能力。然而，中小企业通常风险管理意识非常薄弱，对风险管理不够重视，认为自身的发展规模较小，不易受到市场风险的影响。有的中小企业管理者认为花费时间和资金成本进行风险管理是不必要的，他们

把企业的重心放在追求利益上,没有实施长远的企业利益保障计划,使企业难以得到进步和提升。

(二)中小企业内部管理机制缺失

在企业内部控制制度实施及发展的过程中,内部审计占据着非常重要的地位。建设完善的内部审计制度,以及具备良好的内部审计环境可以提升企业的生产经营效率和财务会计管理水平。但是,目前许多中小企业仅仅是在文件层面上形成了内部审计机制,却没有发挥其应有的功效,内部审计的执行力度较小。许多中小企业内部的审计人员通常是非财务专业人士,缺乏必要的财务管理知识及审计工作能力,难以保证企业内部审计工作的高效开展。同时,许多中小企业没有对内部审计进行有效的监督管理,导致内部审计人员消极怠工的现象时有发生,限制了企业财务会计管理工作的进步,阻碍了企业的发展。

(三)中小企业内部管理人员的素质有待提高

许多中小企业在管理上都有高度集权的特点,因为有相当一部分中小企业是家族企业,管理人员间存在亲属关系,很难保证管理工作的正常进行,常常会出现管理不严及内部包庇的情况。财务会计管理工作本身要求工作人员必须具备较强的人力管理能力及财务管理能力,然而一些管理人员不具备这些专业能力,常常会有工作上的失误,造成企业的损失,影响企业的效益。因此,企业只有提高财务会计管理人员的综合素质,才可充分保证企业日常业务的正常进行。

二、解决中小企业财务会计管理问题的措施

(一)吸取先进的财务会计管理经验

现阶段中小企业面临着日新月异的市场环境,承受着巨大的经营风险。因此,中小企业的管理层更应充分认识财务会计管理的重要性,中小企业必须具备完善的财务会计管理制度,助力企业逆流而上。中小企业需要向大型企业或优秀企业吸取先进的财务会计管理经验,并充分认识自身的实际经营状况,完善自身的财务会计管理制度,利用规范化及标准化的管理制度保证企业经济活动的顺利开展。例如,中小企业分析自身发展

中存在的不足及缺陷后，可以利用科学的管理方法和先进的技术手段来弥补。中小企业财务会计管理的发展要在吸取经验的同时不断总结经验。

（二）建立健全财务会计管理制度

完善的财务会计管理制度是财务会计工作正常运行的有效保证。中小企业需要重视财务会计管理的理念，并对降低成本和增加利润的途径进行系统分析及研究，总结归纳长期不增加利润的经济发展点，分析并解决其存在的问题，同时谋求新的经济增长点。

中小企业需要建立严格的资金支出控制制度，根据实际的经营活动如实记录相关的财务情况。中小企业管理层应对财务工作加以检查及监督，保证财务信息的准确性，杜绝以权谋私的行为。中小企业管理层还可对资金的支出给予适当的授权处理，并定期总结，及时解决资金支出中存在的问题。

（三）注重提高财务会计人员素质

中小企业提高财务会计人员素质应从以下几方面入手：

第一，企业管理层应详细了解每一位财务会计人员的情况，精简员工结构。

第二，企业管理层需要对财务人员进行定期的专业知识及技能的培训，并为员工的疑惑提供专业解答，尽可能提高员工的专业能力，使其充分了解并掌握企业的业务范围，可以独立解决工作中出现的问题。

第三，企业可以定期对财务人员工作能力、工作经验、工作态度及工作完成的情况做出综合测评，促进其发挥自身的能动作用，激发其竞争意识，改变其工作态度，提高其工作效率。

第四，企业需要制定规范化、标准化的人才招聘流程，并设立严格的监管小组，杜绝"走后门"的现象。企业招聘具备专业财务会计知识及管理能力的优秀人才，可以为企业的发展打下良好的基础。企业还需注重对新进入企业的财务人员进行企业文化培训，增加其对企业的认同感，对新员工进行财务专业能力培训，使其掌握最新的理论发展方向和实务改革的发展趋势。

综上所述，在中小企业的发展过程中，管理层必须充分认识财务会计管理在企业控制管理发展中的重要性，并积极找出企业自身存在的问题，吸收先进的财务会计管理经验，突破企业发展的局限，规范企业财务会计管理制度，推动企业的进步与发展。

第三节 流通企业的财务会计管理

在21世纪，现代流通企业面临着前所未有的机遇与挑战。为了保持竞争力并实现可持续发展，企业越来越注重财务的优化管理。财务的优化管理不是简单的成本控制或资金管理，而是应尽可能地做好财务会计核算和监督管理，同时逐步完善财务会计管理制度。

企业组织财务活动，越来越重视财务会计管理的多样化，结合相关的财务经济管理手段，对财务进行科学预测，实现对企业的多样化控制。对企业利润实施科学分配管理，突出了商品交换的核心经济组织模式，对企业财务会计实施优化管理，实现企业经济效益的最大化。本节基于市场环境和经济环境，对流通企业的财务会计管理展开了深入分析。

一、流通企业财务会计管理现状

当前流通企业的财务会计管理中，不仅存在着存货管理难的问题，同时应收账款相对较多，存在不健全的内控机制，更有一部分财务会计管理人员综合素养较低。

（一）存货管理难度较大

我国流通企业的财务会计管理中，虽然有着日益成熟的理论方法，但是关于存货的管理仍然存在各种各样的问题。当前的流通企业和工业企业不同，生产环节相对来说比较简单，而商品多为库存状态。流通企业的发展不仅仅受到库存地点的相关限制，同时还受到库存资金的限制，其存货管理存在着一定的问题，即存货积压和断货的矛盾。在存货数量的优化管理过程中，企业主要采取流通结合负债经营的模式，筹资过程面临着较高的成本。一旦负债过重，企业需要面临较高的利息，同时经营成本显著增加，企业竞争能力减弱。目前国际市场的整体销售情况不乐观，尤其是现代流通企业在发展中存货积压相对较多，存货流动性较差，大量资金被占用，同时企业还要支付存货保管的费用，以致存货跌价时企业损失较大，企业成本逐渐上升，整体利润逐渐降低。

（二）财务会计管理人员综合素养普遍较低

要想做好财务会计管理工作，就要尽可能提升财务会计管理人员的专业水平，并丰富财务会计管理人员的专业知识。而流通企业的财务会计管理人员整体综合素养相对较低，专业结构也较为单一。同时，虽然企业负责会计核算的专业人员相对较多，普通的财务管理人员也较多，但他们的财务分析能力较弱，企业资金缺乏整体的运营管理，企业的经营管理目标难以实现。在财务会计管理中，企业要加强会计信息化建设，就要强化财务会计人员的相关培训工作，同时也要做好财务会计人员的职能管理，实现内部的有效审计和财务监督管理，做好会计信息系统的有效分析，并提高流通企业财务人员的服务能力。

二、流通企业财务会计管理的制约因素

（一）企业经营规模小

长期以来，流通企业有着较为缓慢的发展速度，而部分流通企业存在经营商品的结构不合理，对一些高利润、高附加值的商品难以有效经营等问题。同时，其进货数量和价格也存在一定的局限性，无法和大规模企业的进货量相提并论；而在供应商的配送中，中小型商品流通企业也难以和大型企业抗衡。

流通企业在设备、厂房等方面投资较大，但是员工的薪资待遇比较低，薪酬管理体系比较落后，缺乏有效的监管、分配制度，导致企业的管理制度不健全。企业的资金开源存在极大局限性，缺少相应的资金，企业在资金流转方面存在很大困难。受到传统财务会计管理观念的影响，许多流通企业在资金管理方面比较落后，虽然在银行账户中滞留大量资金，但资金使用效率比较低。流通企业的财务管理意识比较薄弱，造成资金周转不畅，不利于企业的可持续发展。

（二）财务会计管理水平较薄弱

部分流通企业的组织结构不完善，经营管理模式较为落后，企业组织结构较为松散，财务会计管理水平相对较低，企业财务会计管理制度不完善。流通企业的现金管理及会计核算管理缺乏较为严格的财务管理制度，同时会计的整体核算制度相对不完善，资金

的筹集和运用、分配能力较低。流通企业因为其发展规模的局限性,在投资选择方面比较受限,实施多元化投资,会增加企业经营风险,不能直接实施资金的回收工作。如今,流通企业想发展,要不断积累相应的原始资金,要不断完善自我,更好地利用内源融资。但是,目前流通企业财务资金管理、处理方式不够规范,难以对资金实施有效的抵押处理,难以实现专业的融资过程。

三、流通企业财务会计管理对策

(一)加强财务会计管理人员的培训,提高综合素质

流通企业财务会计管理中,要加强管理人员的相关培训,提高管理人员的综合素质。企业管理层要不断深化自身的财务会计管理意识,不断更新自身的知识体系。企业要健全相关的培训体系,对管理人员的业务能力进行科学考核,实现其职业道德与专业能力的不断优化。与此同时,企业要落实财务会计人员的教育培训工作,不断丰富其专业知识储备,从而改善企业财务管理现状;在财务工作的创新管理中,要不断优化财务岗位交流制度,优化财务岗位结构,强化财务会计人员的集体意识。

(二)做好企业应收账款管理,优化财务预警体系

随着经济多元化的发展,企业要做好应收账款管理,不断优化财务预警体系,对客户的信用情况实施科学分析。具体来说,可以结合客户应收账款的实际记录,分析客户的信用情况。如果客户的信用比较差,要取消客户的赊销资格。企业财务部门要建立科学的定延期支付制度,做好应收账款的催收管理工作。同时,要不断完善财务指标体系,根据相关的财务预警体系,对企业的发展现状展开分析,指出企业发展中遇到的问题,对企业的突发性危机进行科学分析,降低财务危机的损害。健全坏账准备金制度,要对应收账款实施科学控制,及时处理长期不能收回的应收账款,减少坏账带来的经济损失,实现企业的可持续发展。

第四节 互联网时代下的财务会计管理

随着信息技术的快速发展,互联网技术已经逐步进入经济发展的每一个角落,对众多行业的发展都产生了深远而广泛的影响。在行业的发展过程中应用互联网技术,无疑为行业的快速发展注入了强大的动力。当然,企业的财务部门也需要紧跟行业发展的步伐,尽可能地运用互联网技术来处理企业的财务数据。

一、互联网时代下的财务会计特点

在互联网背景下,财务会计呈现出虚拟化、网络化和信息化等特点。

财务会计的虚拟化特点,是指企业在进行财务管理工作时,改变了传统的财务信息整理手段,开始利用网络平台开展工作,大大提高了财务会计的工作效率。

财务会计网络化的特点,是指实现财务信息的实时传递和高效传输。开放的网络模式可以使会计管理人员不再受到时间和地点的限制,使其无论何时何地都可以查询企业的财务会计资料和信息,从而更加高效地完成各类财务管理工作。

财务会计的信息化特点,也是互联网时代下的财务会计工作的核心特点,财务会计可以利用计算机技术对财务数据进行分析和整理,实现信息的快速处理,即使是非常复杂的财务信息,也可以借助计算机迅速处理完成,不仅节约人工,还大大提高了工作效率。

二、互联网时代下改进财务会计管理的措施

(一)完善财务会计工作制度

针对互联网时代出现的一系列新变化,企业应当完善财务会计工作制度,并根据新时代的要求,在财务会计工作制度方面进行全面更新,使财务会计工作不断适应企业内外部环境的变化,解决财务会计工作的实际问题。完善和更新财务会计工作制度要注意

以下两个方面：

第一，财务会计工作制度必须顺应时代背景，着力按照新时代的要求更新传统财务会计工作制度。

第二，提高财务会计工作的规范性与简便性，注重运用信息化的方式加强财务会计管理。互联网技术可以简化各种操作，使财务会计管理在规范化基础上全面创新发展。

（二）增强对财务信息的保护

在互联网时代下，财务会计人员使用互联网工作时也面临着非常严重的信息泄露、信息毁损等问题。因为财务信息的泄露很有可能给企业带来极大的风险，所以企业应该加强对财务信息的保护力度。企业应该根据自身的经营状况，安排专业的工作人员来完善企业的网络安全系统及信息安全监督系统，防止企业的财务信息外泄。

（三）及时更新企业会计理论

企业的财务会计工作随着经济的快速发展逐渐走向信息化、网络化，互联网技术在为企业的财务会计工作提供便利的同时，也给企业的财务状况带来了许多的问题。传统的会计理论已经不适合互联网时代下的财务会计工作，所以企业为了能够尽快适应新时代的发展要求，促进自身快速发展，必须及时更新企业现有的会计理论。新的会计理论必须与我国目前的经济发展状况相结合，适应互联网环境下的财务会计工作。企业应用更新后的会计理论，有利于促进企业财务会计人员提高信息采集及整理的能力，也利于促进企业财务信息的公示。

企业在开展财务会计工作的同时，还需要注意一个问题，即国家相关部门对企业的监督保护工作。企业应该及时掌握政府部门颁布的财务会计相关法律法规，保证企业的财务会计工作能够正常依法进行。

（四）加强对财务会计人员专业素质的培养

在互联网环境下，无论是操作各种软件客户端，还是尽快适应企业全新的管理方式，都是财务会计人员所要面临的挑战。为了使企业财务会计人员能够尽快地满足这些新要求，企业要注重提高财务会计人员职业道德，加强对财务会计人员专业素质的培养。企业应根据自身具体的经营状况，为财务会计人员设计一套完善的财务会计人员培养体系。比如企业可以专门为财务会计人员开设网络课程，使每一位财务会计人员都能够了解并熟练掌握各种软件或者程序的操作步骤，并能够正确分析整理出来的财务信息。不仅如此，企业的财务会计人员也应该有足够的自觉性，在空闲时间积极主动地学习相关课程，并熟练掌握每一个操作步骤，不断地提高自己的专业素质。

三、互联网时代下财务会计的发展

随着互联网越发成熟，互联网成了财务会计高速发展的载体。财务会计的管理目标逐渐转变为网络财务会计管理。这种转变带来了财务会计主体、核算内容等方面的变化。网络财务会计管理使得会计主体不再局限于传统的明确主体，而是可以根据实际情况进行改变与调整。同时，核算内容也增加了有关电子货币与交易的单据等内容，使企业的业务与财务更加紧密地结合起来，提高了财务会计管理的融合性与网络化。

随着人工智能、大数据等技术的不断发展，会计核算与财务报告的智能化水平显著提升。企业可以利用智能软件完成自动记账、对账、报表生成等工作，大大提高了工作效率和准确性。信息技术在内部控制中的应用也日益广泛。企业可以利用信息系统进行风险预警、流程监控等，有效防止舞弊和错误的发生，提高内部控制的效率和效果。综上所述，互联网对财务会计的发展具有积极影响。

互联网技术的发展对企业财务会计管理工作产生了巨大的影响，并且使财务会计管理的工作形式也发生了很大的变化。由于互联网技术的应用可以大大提高财务会计管理工作的效率，因此相关企业应该顺应时代潮流，与时俱进，不断加强对于财务管理安全技术的研究，建立完善的财务安全控制制度，从而保证会计信息的安全性和保密性，以实现企业财务会计管理的信息化。

第五节 知识经济时代下的财务会计管理

知识经济时代已经来临，现代企业的财务会计管理只有做好信息的收集、整理、录入、分析，才能够在知识经济时代拥有一席之地。

一、知识经济概述

知识经济是指一种以知识为基础的经济形态,是与传统的以农业为基础的经济和以工业为基础的经济相对应的概念。农业经济时代,政府大力发展农业生产,加大对农业的投入从而达到获取更多经济效益的目的。而工业经济时代,政府将经济重心都放到工业发展上,通过大力推进工业发展继而取得经济的快速增长。如今,社会经济发展的重要生产力已经逐渐转变为知识,紧跟知识经济发展步伐的企业,通过不断创新和知识应用,都已经在各行各业显露头角,知识产业也因此得到迅速发展。

二、知识经济时代下财务会计管理受到的冲击

(一)会计历史成本原则受到的冲击

传统的财务会计管理通常采用历史成本原则,确定企业内部财物的实际入账金额及计价的准则,企业管理层通常使用历史成本原则在有形市场运转和市价浮动时,捕获分析资金流动的相关信息。然而,随着我国经济的发展,人均受教育水平大幅度提升,知识已经逐渐转化为生产力,有形市场受到冲击,整个人力管理和知识产业评估都开始了改革。因此,企业在知识经济时代下,不得不将知识等无形资产纳入评估,而传统的历史成本原则并不能对此进行评估,所以使得历史成本原则在财务会计管理中的实用性大大降低。

(二)会计环境受到的冲击

科技、教育、政治、文化、经济等环境因素都在会计环境的范畴之内,会计环境会影响到企业的管理模式及相关信息需求,所以知识经济时代的到来,必定会对会计环境造成极大的冲击。由此可以得出,此后企业的财务会计管理的工作重心会大幅向管理各类知识方面的信息倾斜。对于一个企业来说,其财务会计管理环境受到冲击,将会体现在各部门之间的资源配置变动及组织形式的改变上,生产出更多知识类无形资产的部门将能得到更多的资源。

（三）现行会计核算方法受到的冲击

1. 原始凭证受到的冲击

经济时代的全面到来，特别是信息技术的飞速发展，使得人们的日常金融交易方式发生了巨大的变化，第三方支付平台及互联网金融的兴起推动着数字货币的普及，顺势而出的电子发票取代纸质发票已是大势所趋。与此同时，随着互联网技术的普及，整个企业的日常采购、运作，包括资金流动等都不再依赖于纸质原始凭证，电子原始凭证逐渐普及。

2. 复式记账受到的冲击

对每一笔经济业务，均以相等的金额在两个或两个以上相互联系的账户中进行登记的记账方式即为复式记账。复式记账在知识经济的冲击下面临着数据量更大和数据内容更复杂的双重考验。企业在知识经济时代下如何调整复式记账的工作方式，将关系到财务会计的工作效率和准确率能否随着企业规模的扩张而得以保持。对此，企业可以对复式记账进行一定的革新：复式记账中的记账凭证不再只局限于常规的二元分类信息数据项，而是试着直接将分类信息数据项纳入记账凭证管理，如此可以令一项经济业务拥有一张以上的凭证，更加适用于知识经济时代下企业内部的财务会计管理。

三、知识经济时代下财务会计管理的发展方向

（一）财务会计管理手段向信息化、现代化方向发展

知识经济时代下，计算机的普及与发展，全球通信的实现，互联网的飞快运转，都对传统的会计模式产生巨大冲击，财务会计管理手段在会计电算化全面普及、运用的基础上实现信息化。全面使用现代信息技术，包括计算机、网络与通信技术，将使会计信息处理高度自动化，财务会计管理手段实现现代化。

（二）财务会计中介机构向多元化、专业化、诚信化方向发展

财务会计中介机构是企业财务信息质量保证的最后一道防线，是保证信息有效性和各类投资者合法利益的主要力量。知识经济时代下，市场竞争机制不断成熟，我国的财务会计中介机构要向多元化、专业化和诚信化的方向发展，以便在市场竞争中不断稳固

自身地位。

1. 多元化发展

会计师事务所是我国最为主要的财务会计中介机构，其通常提供包括审计、资产评估、管理咨询、造价咨询、税务等诸多内容在内的服务。但在我国的会计师事务所中，审计业务在所有业务中占比超过八成，并主要以年度会计报表审计和上市公司审计为主要内容，我国会计师事务所的多元化发展明显不足。因此，我国的财务会计中介机构要发展多元化的业务服务。

一些会计师事务如果没有足够的能力与精力发展多元化的业务服务，可以集中优势资源开拓某一项或几项业务领域，如此长期发展，事务所之间就会呈现出差异化发展的趋势，这样既可以避免过度竞争，同时又能提升各自的核心竞争力。大型会计师事务所应该做到"大而精，精而专"，建设自己的品牌。在各大型事务所之间可以建立社会分工与协作的关系，实现资源共享，达到经济效益最大化。总之，大型事务所可以拓展国外市场，提升知名度，与国际真正接轨，而中小型事务所可以把国内的业务做精，不再依靠竞相压价来获得市场需求，这样的氛围有利于带动整个会计师事务所行业的持续、健康、多元化发展。

2. 专业化发展

我国的财务会计中介机构起步晚，经营管理机制也相对落后，面对这样的现状，我国财务会计中介机构必须转变经营机制，以不断适应经济社会发展新常态。以会计师事务所为主的财务会计中介机构，必须遵循市场经济规律，以客户需求为核心，在符合法律规定和行业准则的情况下，积极开拓市场，不断提高业务能力。在管理中要不断借鉴国内外同行的成功经验，根据自身情况参考选用，不断完善我国财务会计中介机构的经营机制。

此外，当前企业的竞争是人才的竞争，财务会计中介机构要想获得长远持续的发展，必须重视人才的作用，对其工作人员要加大培训力度，提高其专业技能和职业道德等综合素质，同时也可以从企业外部聘请专业能力过硬和道德素质较高的人才进入机构，提高企业人才优势，以在激烈的市场竞争中保持不败地位。

3. 诚信化发展

财务会计中介机构在业务活动中，为了利益而违规甚至违法行事的情况时有发生。一些国际知名财务会计中介机构出现的丑闻，曾引起社会轰动，机构因此关门。可见，在会计行业,中介机构的诚信问题是何等的重要,但目前财务会计中介的诚信建设与社会的需求还相差较远。

在经济时代,我国财务会计中介机构不断发展,必须不断强化其诚信建设,牢固树立行业诚信意识,营造诚信的行业环境,提高会计信息质量,严禁会计信息造假行为,将我国会计信息市场的发展朝着公平公正的方向推进。注册会计师保持独立性是会计工作公正公平的前提。但是在市场经济功利性等不良因素的影响下,以及市场不正当竞争的推动下,会计师的独立地位受到极大挑战,会计师常常需要在生存压力和法律责任之间衡量。因此,必须不断完善我国财务会计中介机构的诚信机制建设,以约束会计师和财务会计中介机构的行为,提高会计师的自律性。不断完善我国会计师工作制度,如上市公司的注册会计师必须由公司的监管部门委派,并定期更换财务会计中介机构,杜绝会计师和财务会计中介机构,与上市公司产生过于亲密的关系;对违法行为造成的损失,要求财务会计中介机构和会计师个人承担相应的责任,提高其违法成本。

诚信是会计行业的生存法则,对于会计师而言,这一原则尤为重要。会计师只有在工作中做到诚信,其工作结果才可能得到会计信息使用者和公众认可。这不仅是对职业道德的坚守,更是对公众信任的维护。

(三)财务会计人才向高素质、高技能方向发展

随着我国经济的发展及政府对教育的大力投入,我国人均受教育水平不断提高,为我国进入并适应知识经济时代打下了良好的基础。知识经济时代的全面到来,企业财务管理的复杂性和挑战性日益增加,对财务会计的要求也随之提高。

财务会计系统的运行过程必须与经济主体运行的全过程相适应,只有如此,才能提供准确的财务会计信息。因此,知识经济时代的财务会计人员将是具有多元知识结构和创新思维的复合型财务会计人才。

知识经济时代下,财务会计人才向高素质、高技能方向发展是行业发展的必然趋势。只有不断提升自身的专业素养、综合能力和职业道德水平,才能适应经济环境的变化和行业的发展需求,为企业的发展贡献更大的力量。

参 考 文 献

[1]蔡素兰.Excel在会计和财务管理中的应用学习指导书[M].上海：立信会计出版社，2019.

[2]东伟.财务信息化集团合并报表编制方法分析[J].中国集体经济，2021（25）：155-156.

[3]冯婷.财务预算管理存在的问题与对策[J].经济研究导刊，2021（1）：69-71.

[4]桂玉娟.财务分析[M].上海：上海财经大学出版社，2017.

[5]李梦芸.企业会计信息化工作流程的优化对策[J].中国管理信息化，2016，19（22）：35-36.

[6]刘勤.管理会计信息化发展的理论与实务[M].上海：立信会计出版社，2019.

[7]梅雨.企业财务分析：报表审视、经营评价与前景预测[M].广州：暨南大学出版社，2018.

[8]王大江.实际成本信息化管理研究[M].北京：中国社会科学出版社，2016.

[9]王冬梅，等.财务分析新论[M].大连：东北财经大学出版社，2017.

[10]王力东，李晓敏.财务管理[M].北京：北京理工大学出版社，2019.

[11]王岳聪.财务决策之课程决策[J].中国农业会计，2021（3）：46-47.

[12]吴志强.初级会计电算化教程[M].厦门：厦门大学出版社，2015.

[13]谢甲天.环保企业若干账务处理方式浅探[J].行政事业资产与财务，2021（7）：114-115.

[14]辛侯蓉.事务所信息化水平、低流动性组织冗余与企业会计信息质量[J].财会通讯，2021（13）：34-38.

[15]杨昆.会计信息化应用[M].北京：北京理工大学出版社，2018.

[16]叶霞，张冬梅.财务信息处理与分析[M].北京：航空工业出版社，2019.

[17]应佳琦.销售与收款循环内部控制研究[J].福建质量管理，2020（3）：75-76.

[18]张冬艳.营改增对企业账务处理的影响探析[J].淮南职业技术学院学报，2021，21（1）：143-145.

[19]张端，刘璐璐，杨阳.新编档案管理实务[M].成都：电子科技大学出版社，2017.

[20]张继运．公司财务预算控制探讨[J]．财会学习，2021（23）：63-65．

[21]张文库．新行政事业单位会计核算财务管理应用题解[M]．哈尔滨：黑龙江人民出版社，2015．

[22]赵翌锦．企业全面预算信息化建设研究[J]．现代营销（下旬刊），2020（10）：142-143．